Globish

Globish para o mundo

Com tradução para o Português ao lado

Globish

Globish para o mundo

Por Jean Paul Nerrière e David Hon

Um livro escrito EM Globish

Bazar editorial

GLOBISH PARA O MUNDO
JEAN PAUL NERRIÈRE E DAVID HON

© desta tradução: Edipro Edições Profissionais Ltda. – CNPJ nº 47.640.982/0001-40

1ª Edição 2011

Editores: Jair Lot Vieira e Maíra Lot Vieira Micales
Produção editorial: Murilo Oliveira de Castro Coelho
Tradução: Luciana Pudenzi
Revisão da tradução: Fernanda Godoy Tarcinalli
Diagramação: Karina Tenório
Arte e ilustrações: Simone Melz

Dados Internacionais de Catalogação na Publicação (CIP)
(Câmara Brasileira do Livro, SP, Brasil)

Nerrière, Jean Paul
    Globish para o mundo / Jean Paul Nerrière e David Hon ; [tradução Luciana Pudenzi]. – São Paulo : Bazar Editorial, 2011.

    Título original: Globish world over
    ISBN 978-85-63795-02-1

    1. Inglês - Estudo e ensino I. Hon, David. II. Título.

11-02626   CDD-420.7

Índices para catálogo sistemático:
1. Inglês : Estudo e ensino 420.7

Bazar editorial

São Paulo: Fone (11) 3107-4788 – Fax (11) 3107-0061
Bauru: Fone (14) 3234-4121 – Fax (14) 3234-4122

Impressão e acabamento: Yangraf Gráfica e Editora

Globish

The world over

By Jean Paul Nerrière
e David Hon

A book written IN Globish

Globish

Para o mundo

Por Jean Paul Nerrière
e David Hon

Um livro escrito EM Globish

Globish The World Over	GLOBISH PARA O MUNDO
© 2009 Jean-Paul Nerrière e David Hon	© 2009 Jean-Paul Nerrière e David Hon
This book is owned by the writers. Any unauthorized copying in any media, including publishing on the Internet or giving out by other means, is forbidden and protected against under international copyright provisions.	Este livro é de propriedade de seus autores. É proibido copiá-lo em qualquer tipo de mídia, inclusive publicá-lo na internet ou distribuí-lo por outras vias, de acordo com as proteções das regulamentações internacionais de direitos autorais.
US Copyright Registry Case # 1-251264081	US Copyright Registry Case # 1-251264081
ISBN: 978-0-9842732-6-3	ISBN: 978-0-9842732-6-3

International globish Institute

Table of Contents

Foreword for the
Portuguese Translation 9

Beginning 11

Part 1 The Problem with
Learning English 13

Chapter 1   Many, Many Languages ... 15

Chapter 2   Esperanto vs…
the World? 21

Chapter 3   Thinking Globally 25

Chapter 4   The Native English Speakers'
Edge is Their Problem 33

Chapter 5   The English Learners'
Problem… Can Be
Their Edge 41

Chapter 6   The Value of a Middle
Ground 47

Chapter 7   The Beginnings of
Globish 53

Chapter 8   Is Globish More Useful
than English? 63

Chapter 9   A Tool and…
A Mindset 69

Chapter 10 Globish in Many
Places 75

Sumário

Prefácio à tradução para
o português 9

Início 11

Parte 1 O problema do aprendizado
do inglês 13

Capítulo 1   Muitos, muitos idiomas ... 15

Capítulo 2   O esperanto *versus*…
o mundo? 21

Capítulo 3   Pensando de modo global .. 25

Capítulo 4   A vantagem dos falantes
nativos é o seu problema ... 33

Capítulo 5   O problema dos estudantes
de inglês… pode ser sua
vantagem 41

Capítulo 6   O valor de um
meio-termo 47

Capítulo 7   O início do Globish 53

Capítulo 8   O Globish é mais útil que
o inglês? 63

Capítulo 9   Uma ferramenta e…
um modo de pensar 69

Capítulo 10 O Globish em muitos
lugares 75

Part 2	**Elements of Globish** 85		**Parte 2**	**Elementos do Globish** 85
Chapter 11	How much is "enough"? ... 87		Capítulo 11	Quanto é "suficiente"? 87
Chapter 12	Is Globish the Same as English? 91		Capítulo 12	O Globish é o mesmo que o inglês? 91
Chapter 13	How Globish is Different from English 95		Capítulo 13	Em que o Globish se diferencia do inglês 95
Chapter 14	Natural Language Has "Experience" 101		Capítulo 14	A linguagem natural tem "experiência" 101
Chapter 15	A Closed System: Globish Limitations 103		Capítulo 15	Um sistema fechado: as limitações do Globish 103
Chapter 16	1500 Basic Words 105		Capítulo 16	1.500 palavras básicas 105
Chapter 17	When Globish Arrives 143		Capítulo 17	Quando o Globish chegar 143

Appendix 149

Synopsis 151

Partial Resources 157

Meet the Writers and the Translator ... 159

Apêndice 149

Sinopse 151

Recursos parciais 157

Conheça os autores e o tradutor 159

Foreword for the Portuguese Translation

Globish The World Over is among the few books that go to the readership with side by side translation. It means that the orig-inal text and the Portuguese translation can be read next to each other on every page. Thus this book fills a double function. On one hand reading only the right side, the Portuguese translation, the book can give information, and perhaps amusement, to those who speak little or no English. They are interested in an amazing process that is happening in front of the eyes of people in this age: The world has found a common language. It will help all people to communicate with each other, and this language is being called *Globish*.

On the other hand, the side by side translation provides an opportunity to the learners of English – or perhaps learners of Portuguese – to use this book as a kind of language coursebook. During the translation, we paid special attention to following the grammatical structure and the phrasing of the original text. It is portrayed accurately to the extent

Prefácio à tradução para o Português

Globish para o Mundo está entre os poucos livros que chegam às mãos dos leitores com sua tradução ao lado do texto original. Isso significa que o original e a tradução para o português podem ser lidos simultaneamente a cada página. Assim, este livro tem uma dupla função. Por um lado, lendo-se apenas na coluna direita, a tradução para o português, o livro pode fornecer informações, e talvez entretenimento, àqueles que conhecem pouco, ou nada, de inglês. Eles estão muito interessados em um incrível processo que está acontecendo diante dos olhos das pessoas atualmente: o mundo encontrou uma língua comum. Esta língua ajudará as pessoas a se comunicarem umas com as outras, e está sendo chamada de *Globish*.

Por outro lado, a tradução lado a lado oferece uma oportunidade para que os estudantes do inglês – ou talvez os estudantes do português – utilizem este livro como uma espécie de apostila de estudo do idioma. No curso da tradução, dedicamos atenção especial à manutenção da estrutura gramatical e ao modo de expressão do texto original. Eles estão retratados com precisão, na medida em que a diferença estrutural da

the different structure of the Portuguese language allows us to do so. We hope this method will provide a real opportunity – in a real language environment – for the learners of English to follow and recognize elements of English they have learned in school.

língua portuguesa assim o permita. Esperamos que este método proporcione uma oportunidade real – num ambiente real da linguagem – para que os estudantes do inglês sigam e reconheçam os elementos do inglês que aprenderam na escola.

Beginning

What if 50% of the world badly needed a certain useful tool, but only 5% could have it?

Someone would find a way. For example, to solve the problem of talking, they gave us handsets for little money and charge us by the minute. But that only does part of it. What will we say to each other?

The English language seems to be the most important communication tool for the international world. But now it must be a kind of English which can be learned quickly and used very easily – not like Standard English. The people who know a little are already using what they know. It works for them – a little. But… they often have families and jobs. They cannot spend enough time or enough money to learn all of English. And English speakers think these people will "never be good enough" in English. It is a problem. We think Globish is a solution.

Globish has a different name because it is a very different way to solve the problem of learning English. By the

Início

Como seria se 50% das pessoas do mundo necessitassem muito de uma determinada ferramenta útil, mas somente 5% pudessem tê-la?

Alguém encontraria uma solução. Por exemplo, para resolver o problema da comunicação, deram-nos telefones baratos e cobram-nos as ligações por minuto. Mas isso é apenas uma parte da questão. O que *diremos* uns aos outros?

O idioma inglês parece ser a ferramenta de comunicação mais importante para o mundo internacional. Mas, então, é preciso que seja um tipo de inglês que possa ser aprendido rapidamente e usado com facilidade – diferentemente do inglês tradicional. As pessoas que conhecem um pouco do idioma já fazem uso daquilo que sabem. Isso funciona para eles – um pouco. Mas… essas pessoas muitas vezes têm família e trabalho. Não podem dedicar tempo ou dinheiro suficientes para aprender o inglês perfeitamente. E aqueles que falam a língua inglesa pensam que essas pessoas "nunca serão boas o bastante" em inglês. Isso é um problema. Pensamos que o Globish é uma solução.

O Globish tem um nome diferente porque é uma maneira muito diferente de resolver o problema do aprendizado do

standards of the *Council of Europe Framework of Reference for Languages* (page 64):

> *(Globish speakers) will use an amount of English that makes understanding between non-native speakers and native speakers. They will produce clear, detailed writing on a wide range of subjects and explain their thoughts, giving good and bad elements of various ideas.*

This book is *about* Globish and to demonstrate its value, we'll write this book for you *in Globish*.

inglês. Segundo os padrões do Quadro Europeu Comum de Referência para as Línguas (QECR) (p. 64):

> *(Os falantes de Globish) utilizarão um nível de inglês que gere entendimento entre falantes não-nativos e falantes nativos. Produzirão uma escrita clara e detalhada sobre um amplo leque de temas e explicarão seus pensamentos apresentando bons e maus aspectos de diversas ideias.*

Este livro é *sobre* o Globish, e, para demonstrar seu valor, escreveremos este livro para você *em Globish*.

Part 1	Parte 1
The Problem with Learning English	**O problema do aprendizado do inglês**

Chapter 1

Many, Many Languages

A hundred years ago, most human beings could speak two or more languages. At home they spoke a family language. It could be the language their parents spoke when they moved from another place. In many cases, it was a local variation of a language with different words and different pronunciations, what some people might call a dialect or patois. Most villages had such languages. People learned family languages, village languages and sometimes other languages without any problems.

A century ago, for most people the world was not very big, perhaps as big as their nation. They learned their national language and then could communicate with the rest of their world. Many nations had at least one official national language. Many people in their villages also felt a need to speak the national language, and they would learn that national language in schools.

National languages made nation-wide communication possible. In some cases

Capítulo 1

Muitos, muitos idiomas

Há cem anos, a maioria dos seres humanos era capaz de falar duas línguas ou mais. Em casa, falavam uma língua da família. Podia ser a língua que seus pais falavam quando se mudaram, vindos de outro lugar. Em muitos casos, era uma variação local de um idioma com palavras e pronúncias diferentes, o que algumas pessoas chamariam de dialeto ou patoá. Quase todas as aldeias tinham tais idiomas. As pessoas aprendiam línguas de família, idiomas das aldeias e, às vezes, outros idiomas, sem problema algum.

Há um século, para a maior parte das pessoas, o mundo não era muito grande, talvez fosse tão grande quanto o seu país. Elas aprendiam o idioma nacional e, então, podiam se comunicar com o restante de seu mundo. Muitos países tinham, ao menos, um idioma nacional oficial. Muitas pessoas, em suas aldeias, sentiam necessidade de falar também o idioma nacional, e aprendiam esse idioma nacional nas escolas.

Os idiomas nacionais tornavam possível a comunicação na nação como um todo.

these started as one of the local dialects and were raised to the status of national languages. Or sometimes one "family" was more powerful, and required everyone to speak their way.

Today, the communication problem is the same. Just the scale is different. A century ago, their world was their country. Now their world is.... much more. Most people now speak a local language which is often their national language. Now they must communicate to the whole globe.

(From English Next)

Em alguns casos, esse idioma começava como um dos dialetos locais e era elevado à posição de idioma nacional. Ou, às vezes, uma "família" era mais poderosa e exigia que todos falassem ao seu modo.

Hoje, o problema da comunicação é o mesmo. Apenas a escala é diferente. Há um século, o mundo das pessoas era o seu país. Agora, seu mundo é... muito mais. A maioria das pessoas hoje fala um idioma local que é frequentemente seu idioma nacional. Agora, têm de se comunicar com o mundo todo.

(Do relatório English Next)

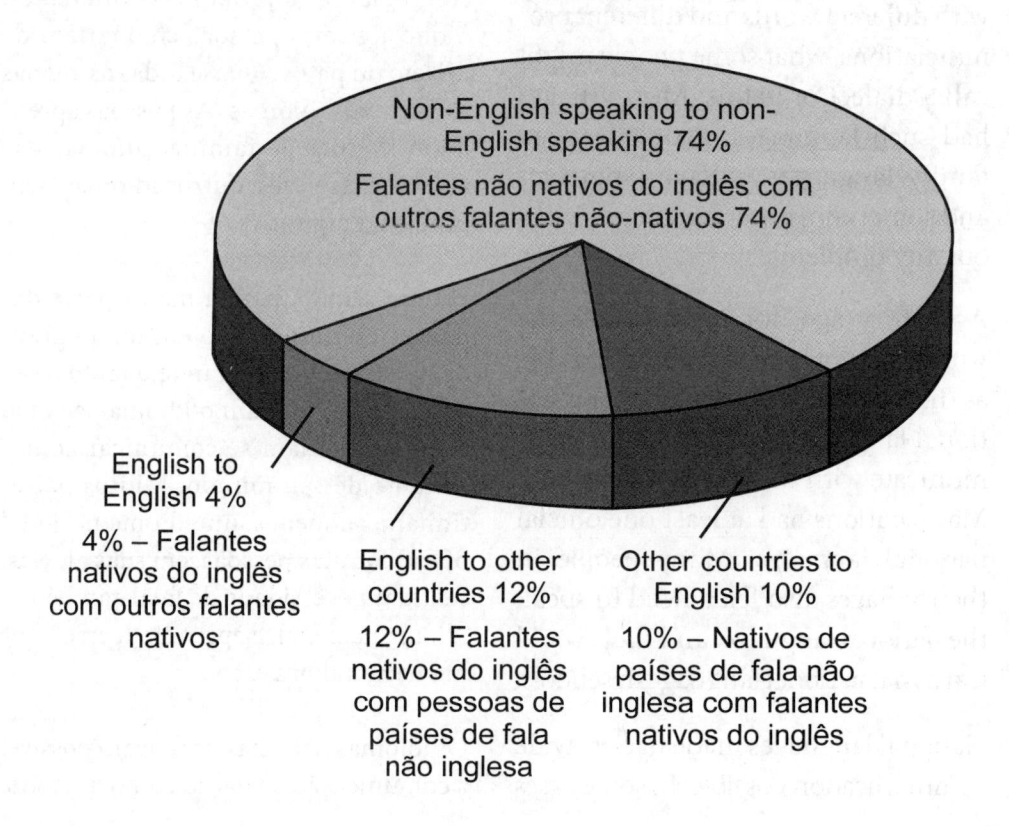

Non-English speaking to non-English speaking 74%
Falantes não nativos do inglês com outros falantes não-nativos 74%

English to English 4%
4% – Falantes nativos do inglês com outros falantes nativos

English to other countries 12%
12% – Falantes nativos do inglês com pessoas de países de fala não inglesa

Other countries to English 10%
10% – Nativos de países de fala não inglesa com falantes nativos do inglês

In this world, teachers say there are more than 6000 languages. In 45 countries, English is an official language. But not everyone speaks English, even where it is an official language.

Only 12% of the global world has English as a mother tongue. For 88% of us, it is not our first language, our mother tongue.

We know that only 4% of international communication is between native speakers from different English-speaking nations – like Americans and Australians.

So 96% of the international English communication takes place with at least one non-native speaker.

There is a story about a god and a Tower of Babel, where all men could speak to each other using just one language. In the story, he stopped the building of that special Tower.

He said (roughly):

> "Look, they are one people, and they have all one language. This is only the beginning of what they will do. Nothing that they want to do will be impossible now. Come, let us go down and mix up their languages so they will not understand each other."

Neste mundo, os professores dizem que há mais de 6 mil idiomas. Em 45 países, o inglês é uma língua oficial. Mas nem todas as pessoas falam inglês, mesmo onde ele é um idioma oficial.

Apenas 12% de todo o mundo têm o inglês como língua materna. Para 88% de nós, não é nosso primeiro idioma, nossa língua materna.

Sabemos que apenas 4% da comunicação internacional ocorre entre falantes nativos de diferentes nações de fala inglesa, como norte-americanos e australianos.

Assim, 96% da comunicação internacional em inglês é realizada com pelo menos um interlocutor não-nativo.

Há um conto sobre um deus e uma Torre de Babel na qual todos os homens eram capazes de se comunicar empregando um único idioma. No conto, esse deus impediu a construção dessa torre especial.

Ele disse (de maneira geral):

> "Vejam, eles formam um só povo e têm uma única língua. Isto é apenas o começo daquilo que realizarão. Nada do que queiram fazer será impossível agora. Venham, vamos descer e confundir seus idiomas para que não compreendam uns aos outros".

In the past, there have been many strong languages and attempts to create a common worldwide language. Some worked well, but some not all. The Greek language was used as the "lingua franca" in the days of the Romans. Non-Romans and others read the first Christian books in Greek. Modern Romans speak Italian, but until lately Catholics celebrated Christian ceremonies in Latin, the language of the ancient Romans.

French was the language of upper class Europeans for several hundred years. It was used for international government relations until 1918. Many thought it was clearly the best language for all international communication. Tsarina Catherine of Russia and Frederick the great of Prussia used to speak and write very good French, and made a point to use it with foreigners. A friendly competition took place at the king's court in France in 1853 to find the person who used the best French. The winner was not Emperor Napoleon the Third, or his wife Eugénie. Instead, it was the Austrian statesman Klemens Wenzel von Metternich.

About this time, in the Age of Reason, humans began to think they could do anything. They discovered drugs that would cure diseases. They could grow food in all weather. Their new steamships could go anywhere without

No passado, houve muitos idiomas poderosos e tentativas de criar uma língua comum para todo o mundo. Algumas funcionaram bem, mas outras não. O idioma grego foi usado como a "língua franca" na época dos romanos. Aqueles que não eram romanos e outros leram os primeiros livros cristãos em grego. Os romanos modernos falam italiano, mas até pouco tempo os católicos celebravam as cerimônias cristãs em latim, o idioma dos antigos romanos.

O francês foi o idioma dos europeus de classe alta por várias centenas de anos. Ele foi utilizado para as relações internacionais dos governos até 1918. Muitos pensaram que ele era, claramente, o melhor idioma para toda comunicação internacional. A czarina Catarina, da Rússia, e Frederico o Grande, da Prússia, falavam e escreviam francês muito bem e faziam questão de utilizá-lo com os estrangeiros. Uma competição amistosa foi realizada na corte do rei na França, em 1853, para encontrar a pessoa que falasse melhor o francês. O vencedor não foi o imperador Napoleão III, nem sua esposa Eugênia. Em lugar disso, o ganhador foi o estadista austríaco Klemens Wenzel von Metternich.

Chegando em nossa época, na Idade da Razão, os seres humanos começaram a pensar que são capazes de tudo. Descobriram medicamentos que curam doenças. Tornaram-se capazes de produzir alimentos em todo tipo de clima. Seus novos barcos a vapor podiam ir a qual-

wind. So then some people thought: **How difficult could it be to create a new language, one that would be easy and useful for all people?**

quer lugar sem precisar do vento. Então, algumas pessoas pensaram: **Quão difícil seria criar uma nova língua, que seja fácil e útil para todos?**

Technical Words
  Chapter – people divide large books into smaller chapters.
  Dialect – a different way of speaking a mother tongue.
  Patois – a way of speaking in one region.
  Língua franca – a Latin word for a global language.
  Pronunciation – the way we say sounds when we speak.
International Words
  Planet – a space globe that moves around the Sun.

Termos técnicos
  Capítulo – as pessoas dividem livros grandes em capítulos menores.
  Dialeto – uma maneira diferente de falar uma língua-mãe.
  Patoá – a maneira de falar de uma região.
  Língua franca – expressão que denota uma língua global.
  Pronúncia – a maneira como soa aquilo que falamos.
Termos internacionais
  Planeta – um globo que se move em torno do sol.

Chapter 2

Esperanto vs... the World?

Natural languages come from unwritten languages of long ago, in the Stone Age. They are easy to learn naturally but hard to learn as a student. That is why many people have tried to invent a simple language that is useful and simple to learn. Perhaps the most famous of these *invented* languages is "Esperanto." It was developed between 1880 and 1890 by Doctor Ludovic Lazarus Zamenhof. He was a Russian eye doctor in Poland. He said his goal was to create communication and culture-sharing among all the people of the world. He thought the result would be understanding by everyone. That would mean everyone would have sympathy with everyone else and this would avoid future wars.

Here is a example of Esperanto:

Em multaj lokoj de Ĉinio estis temploj de drako-reĝo. Dum trosekeco oni preĝis na temploj, ke a drako-reĝo donu pluvon ao a homa mondo.

Capítulo 2

O esperanto *versus*... o mundo?

Os idiomas naturais originam-se de línguas não escritas de muito tempo atrás, da Idade da Pedra. Elas são fáceis de aprender de modo natural, mas difíceis de aprender como um estudante. É por isso que muitas pessoas tentaram inventar uma língua simples que fosse útil e fácil de aprender. Talvez a mais famosa dessas línguas *inventadas* seja o "esperanto". Ele foi desenvolvido entre 1880 e 1890 pelo doutor Ludovic Lazarus Zamenhof. Ele era um oftalmologista russo que morava na Polônia. Dizia que seu objetivo era criar comunicação e compartilhamento cultural entre todas as pessoas do mundo. Ele considerava que o resultado seria a compreensão por parte de todos. Isso significaria que todos sentiriam empatia por todos, e isto evitaria futuras guerras.

Eis um exemplo de esperanto:

Em multaj lokoj de Ĉinio estis temploj de drako-reĝo. Dum trosekeco oni preĝis na temploj, ke a drako-reĝo donu pluvon ao a homa mondo.

Easy for you to say... perhaps. But there was one big problem with Esperanto. No one could speak it. Well, not really *no* one.

After more than a century, there are about 3 million people who can speak Esperanto. And that is in a world of nearly 7 *billion* people. Sadly, many wars later, we have to admit the *idea did not work as expected.*

Fácil de se falar... talvez. Mas havia um grande problema com o esperanto. Ninguém era capaz de falá-lo. Bem, não realmente *ninguém*.

Após mais de um século, há cerca de 3 milhões de pessoas que falam o esperanto. E isso em um mundo de quase 7 *bilhões* de pessoas. Infelizmente, muitas guerras depois, temos de admitir que *a ideia não funcionou como se esperava.*

The 1st Esperanto book from Dr. Zamenhof.
O primeiro livro em esperanto do Dr. Zamenhof.

For a while, Esperanto was an official project in the USSR, and in the People's Republic of China. It is long forgotten in those countries now. There are no Esperanto guides in the Moscow or Shanghai railway stations to help passengers find their trains. We can only wonder what the world would be like if the Soviets had chosen Globish instead…

There are still people who believe in Esperanto. They still have their "special" language. Sometimes Esperantists make news when they speak out against Globish – using English, of course. Thus any major newspaper story about Globish and Esperanto clearly demonstrates that Esperanto is not working. And it helps show that Globish gives us an opportunity to have – finally – a real global communication tool.

Durante certo tempo, o esperanto foi um projeto oficial na União Soviética e na República Popular da China. Mas já está há muito tempo esquecido nesses países. Não há orientações em esperanto nas estações ferroviárias de Moscou ou Xangai para ajudar os passageiros a encontrar seus trens. Podemos apenas conjecturar como seria o mundo se os soviéticos tivessem escolhido o Globish em lugar do esperanto...

Ainda há pessoas que acreditam no esperanto. Elas ainda têm sua língua "especial". Às vezes, os esperantistas geram notícias quando se pronunciam contra o Globish – utilizando o inglês, é claro. Portanto, qualquer matéria jornalística importante sobre o Globish e o esperanto demonstra claramente que o esperanto não está funcionando. E isso ajuda a demonstrar que o Globish nos fornece a oportunidade de ter, finalmente, uma verdadeira ferramenta de comunicação global.

International Words

Million = 1.000.000   —   Billion = 1.000.000.000

Termos internacionais

Milhão = 1.000.000   —   Bilhão = 1.000.000.000

Chapter 3

Thinking Globally

It would be difficult for all people in the world to have one official language. Who would say what that language must be? How would we decide? Who would "own" the language?

Most people today speak only their one national language. This is especially true with native English speakers. They observe that many people in other countries try to speak English. So they think they do not need to learn any other language. It appears to be a gift from their God that they were born ready for international communication. Perhaps, unlike others in the world, they do not have to walk half the distance to communicate with other cultures. Perhaps English IS the place everyone else must come to. Perhaps…. All others are unlucky by birth. But *perhaps* there is more to the story…

It does seem English has won the competition of global communication. Although it used to give people an edge in international business, one observer now states it this way:

Capítulo 3

Pensando de modo global

Seria difícil que todas as pessoas do mundo tivessem um único idioma oficial. Quem definiria qual idioma deveria ser esse? Como decidiríamos isso? Quem seria o "dono" do idioma?

A maioria das pessoas hoje fala unicamente seu idioma nacional. Isto é especialmente verdadeiro no caso dos falantes nativos do inglês. Eles veem que muitas pessoas em outros países tentam falar o inglês. Por conseguinte, pensam que não precisam aprender nenhuma outra língua. Parece ser uma dádiva de Deus o fato de terem nascido prontos para a comunicação internacional. Talvez, diferentemente de outras pessoas no mundo, eles não precisem percorrer sua metade da distância para se comunicar com outras culturas. Talvez o inglês SEJA o lugar ao qual todos os demais devam ir. Talvez… todos os demais sejam desafortunados por nascimento. Mas, *talvez*, exista algo mais a ser considerado…

O inglês parece ter vencido a competição da comunicação global. Embora costumasse conferir às pessoas uma vantagem nos negócios internacionais, atualmente um observador afirma o seguinte:

"It has become a new baseline: without English you are not even in the race."

So now the competition is over. No other language could be more successful now. Why is that?

The high situation of English is now recognized because communication is now global, and happens in one second.

There have been periods in history where one language seemed to have worldwide acceptance. But, in all these periods, the "world" covered by one of these languages was not the whole planet.

"Isto se tornou uma nova premissa: sem o inglês não se chega sequer a participar da corrida".

Assim, agora a competição já terminou. Nenhum outro idioma poderá ter mais êxito no momento. Qual o motivo disso?

A situação de primazia do inglês é hoje reconhecida porque, atualmente, a comunicação é global e ocorre num instante.

Houve períodos na história nos quais uma determinada língua parecia ter a aceitação de todo o mundo. Mas, em todos esses períodos, o "mundo" abarcado por uma dessas línguas não constituía todo o planeta.

Chinese was not known to Greeks in the time of the Roman Empire. The hundreds of Australian languages were not known to Europeans when they settled there. Jap-anese people did not learn and speak French in the 18th century.

Then, much communication was a matter of time and distance. Now, for the first time, communication has no limits on our Earth. 200 years ago it took more than six months to get a message from Auckland, New Zealand, to London. In our global world, a message goes from Auckland to London in less than a second.

As Marshall McLuhan said in his book *The Guttenberg Galaxy*, this world is now just the size of a village – a "global village." In a village, all people communicate in the language of the village. All nations now accept English as the communication tool for our global village.

Some people dislike that fact a lot. They want to keep their language, and even to avoid English. And, there are people who do not care at all, and they do not see what is happening or what it means.

Finally, there are people who accept it, and even benefit from it. Many Chinese, Spanish and German people realize their language is not global and so they are learning English. They speak about their wonderful culture

O chinês não era conhecido pelos gregos na época do Império Romano. As centenas de línguas australianas não eram conhecidas pelos europeus quando se estabeleceram ali. Os japoneses não aprendiam nem falavam o francês no século 18.

Então, grande parte da comunicação era questão de tempo e distância. Agora, pela primeira vez, a comunicação não possui limites em nossa Terra. Há 200 anos, passavam-se mais de 6 meses até que uma mensagem de Auckland, na Nova Zelândia, chegasse a Londres. Em nosso mundo global, uma mensagem vai de Auckland a Londres em menos de um segundo.

Como disse Marshall McLuhan, em seu livro *A Galáxia Guttenberg*, este mundo atualmente tem apenas o tamanho de uma aldeia – uma "aldeia global". Numa aldeia, todas as pessoas se comunicam na língua da aldeia. Todas as nações hoje aceitam o inglês como a ferramenta de comunicação de nossa aldeia global.

Algumas pessoas sentem-se muito aborrecidas com este fato. Elas querem manter seu idioma e até evitar o inglês. E há pessoas que não se importam e não veem o que está acontecendo nem o que isso significa.

Por fim, há pessoas que aceitam o fato e até se beneficiam com ele. Muitos chineses, espanhóis e alemães percebem que seu idioma não é global e, por isso, estão aprendendo o inglês. Falam sobre sua maravilhosa cultura em inglês,

in English but they also continue to speak their first language.

We can be very confident this situation will not change. With all the people now learning English as a second language, and there will be no need to change. As in the past, people will speak more than one language as children.

Leading economic powers, such as China, Brazil, India, Russia, and Japan will have many people speaking English. No one is going to win markets now with military battles.

And no one will need to change languages, as used to happen. Now nations will try to win hearts and minds with their better, less expensive products. It is a new world now, and maybe a better one.

mas também continuam falando sua primeira língua.

Podemos estar certos de que esta situação não mudará. Com todas as pessoas que estão atualmente aprendendo o inglês como segunda língua, não haverá necessidade de mudar. Como no passado, as pessoas falarão mais de um idioma desde a infância.

Potências econômicas importantes, como a China, o Brasil, a Índia, a Rússia e o Japão, terão muitas pessoas falando inglês. Atualmente, ninguém conquistará mercados com batalhas militares.

E ninguém precisará modificar idiomas, como costumava ocorrer. Agora as nações tentarão conquistar corações e mentes com produtos de melhor qualidade e mais baratos. Temos um novo mundo agora, e talvez um mundo melhor.

Language Used in Business Communication
Idioma usado na comunicação empresarial

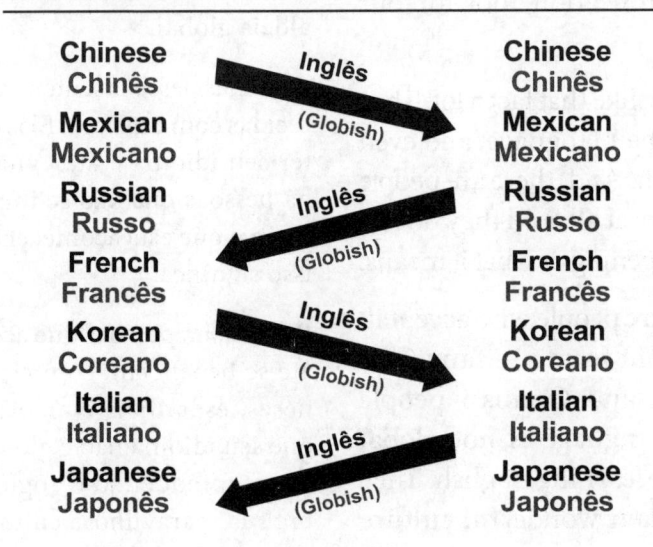

Chinese / Chinês	Inglês (Globish) →	Chinese / Chinês
Mexican / Mexicano		Mexican / Mexicano
Russian / Russo	← Inglês (Globish)	Russian / Russo
French / Francês		French / Francês
Korean / Coreano	Inglês (Globish) →	Korean / Coreano
Italian / Italiano		Italian / Italiano
Japanese / Japonês	← Inglês (Globish)	Japanese / Japonês

Still, many people will continue to learn Chinese or Spanish or Russian. They will do this to understand other cultures. But it will be of less help in doing worldwide business. In an international meeting anywhere, there will always be people who do not speak the local language.

Everyone in this meeting will then agree to change back to English, because everyone there will have acceptable English.

Today, Mandarin Chinese is the language with the most speakers. After that is Hindi, and then Spanish. All three of them have more native speakers than English. But Hindi speakers talk to Chinese speakers in English and Spanish speakers communicate to Japanese speakers in English.

They cannot use their own languages so they must use the most international language to do current business. That is why English is now locked into its important position the world over.

Sometimes we wonder if it is good that En-glish won the language competition. We could argue that it is not the right language. It is far too difficult, with far too many words (615,000 words in the *Oxford English Dictionary*...and they add more each day.)

Too many irregular verbs. The grammar is too difficult. And most impor-

Entretanto, muitas pessoas continuarão aprendendo o chinês, o espanhol ou o russo. Farão isso para compreender outras culturas. Mas isso terá menor utilidade para a realização de negócios em escala global. Em uma conferência internacional realizada em qualquer localidade, sempre haverá pessoas que não falam o idioma local.

Todos nesta conferência concordarão então em retornar ao inglês, pois todos ali falarão inglês razoavelmente.

Hoje, o chinês mandarim é a língua que possui o maior número de falantes. Depois dele estão o hindi e, em seguida, o espanhol. Cada uma dessas três línguas tem mais falantes nativos que o inglês. Mas os falantes do hindi comunicam-se em inglês com os falantes do chinês, e os falantes do espanhol comunicam-se em inglês com os falantes do japonês.

Eles não podem utilizar seus próprios idiomas, então têm de utilizar o idioma mais internacional para realizar negócios atualmente. É por esse motivo que o inglês está hoje consolidado nessa importante posição em todo o mundo.

Às vezes questionamos se é bom que o inglês vença a competição idiomática. Poderíamos argumentar que ele não é o idioma adequado. É demasiadamente difícil, com um número excessivo de palavras (615 mil palavras no *Dicionário Oxford de Inglês*... e mais palavras são acrescentadas a cada dia).

Demasiados verbos irregulares. A gramática é muito difícil. E, mais importan-

tantly, English does not have good links between the written and the spoken language. Why do the letters "ough" have four different pronunciations ("cough, tough, though, through") Why is a different syllable stressed in photograph, photography and photographer? And why is there not a stress mark? Why doesn't "Infamous" sound like "famous?" or "wilderness" like "wild?" Why isn't "garbage" pronounced like "garage", or "heathen" like "heather"?

English was never expected to make sense to the ear. Pronunciation in English is a horrible experience when you have not been born into that culture. Yet it appears to sound natural to native English speakers.

Some languages, like Italian, German, and Japanese, can match written words to the way they are spoken. So it may appear unlucky for us that one of them did not win it all. Italian, for example, is a language where every letter, and every group of letters, is always *pronounced* the same way. When you are given an Italian document, you can *pronounce* it once you understand a limited number of fixed rules. In English you have to learn the *pronunciation* of every word.

Many English words are borrowed from other languages, and they sometimes keep their old pronunciation

te ainda, o inglês não tem bons vínculos entre a língua escrita e a língua falada. Por que a combinação de letras "ough" tem quatro pronúncias diferentes? ("cough", "tough", "though", "through"). Por que há uma acentuação silábica diferente em palavras como "photograph", "photography" e "photographer"? E por que não há um acento gráfico? Por que "infamous" não soa como "famous", ou "wilderness" como "wild"? Por que "garbage" não se pronuncia como "garage", ou "heathen" como "heather"?

Nunca se esperou que o inglês satisfizesse os ouvidos. A pronúncia do inglês é uma experiência terrível para quem não nasceu nessa cultura. Todavia, seu som parece natural para os falantes nativos.

Alguns idiomas, como o italiano, o alemão e o japonês, conseguem equiparar as palavras escritas com o modo como são pronunciadas. Assim, pode nos parecer uma falta de sorte o fato de que algum desses idiomas não tenha prevalecido. O italiano, por exemplo, é um idioma em que cada letra (e cada grupo de letras) é sempre *pronunciada* da mesma maneira. Quando se recebe um documento em italiano, consegue-se *pronunciá-lo*, desde que se conheça um determinado número de regras. Em inglês, será preciso aprender a *pronúncia* de cada palavra.

Muitas palavras da língua inglesa foram emprestadas de outros idiomas, e elas às vezes mantêm sua pronúncia original e,

and sometimes not. English words cannot be written so the stressed syllables are shown. All non-native English speakers know that they may have to sleep without clothes if they try to buy "pajamas." Where is the mark to show what we stress in "pajamas?" So, the borrowed word "pajamas" would be better written as pa-JA-mas. In English you must learn exactly which syllable gets the stress, or *no one* understands you.

But Italian, German, or Japanese did not win the language competition. English did. Luckily, this does not mean that there are people who won and people who lost. In fact, we will show that the people whose language seemed to win did not, in fact, improve their positions. The other people won, and those non-native speakers will soon win even more. This is one of the many "Globish Paradoxes."

outras vezes, não. As palavras inglesas não podem ser escritas de modo a indicar as sílabas acentuadas. Todo falante do inglês não-nativo sabe que pode ter de dormir sem roupas caso tente comprar "pajamas". Onde está o sinal que indica qual sílaba acentuar em "pajamas"? Assim, seria melhor escrever a palavra emprestada "pajamas" como "pa-JA-mas". Em inglês, você tem de aprender exatamente qual sílaba possui o acento, ou *ninguém* o entenderá.

Contudo, o italiano, o alemão ou o japonês não venceram a competição lingüística. O inglês venceu. Felizmente, isto não significa que certas pessoas venceram e outras pessoas perderam. De fato, mostraremos que as pessoas cujo idioma parece ter vencido na verdade não melhoraram suas posições. As outras pessoas ganharam, e esses falantes não-nativos em breve ganharão ainda mais. Este é um dos muitos "paradoxos do Globish".

Liberdade para os presos políticos

Technical Words
Grammar – the structure of words in a sentence.
Pronounce – to speak accurate sounds in a language.
Stress – making a heavy tone on one syllable of a word.
Syllable – a part of a word you are saying.
Paradox – something that sounds correct but is really the opposite like: *swimming is really losing.*
Verb – the part of speak that tells the action in a sentence.

International Words
Pajamas – clothes you wear to bed at night.

Termos técnicos
Gramática – a estrutura das palavras numa oração.
Pronúncia – a maneira correta de proferir os sons de uma língua.
Acentuação – pronúncia em tom mais forte de uma sílaba em uma palavra.
Sílaba – parte de uma palavra que está sendo dita.
Paradoxo – algo que parece correto, mas que na verdade não é, como: "Ganhar é perder".
Verbo – parte do discurso que descreve a ação numa frase.

Termos internacionais
"Pajamas" – roupas usadas para dormir (pijamas).

Chapter 4

The Native English Speakers' Edge is Their Problem

Speaking an extra language is always good. It makes it easier to admit that there are different ways of doing things. It also helps to understand other cultures, to see why they are valued and what they have produced. You can discover a foreign culture through traveling and translation. But truly understanding is another thing: that requires some mastery of its language to talk with people of the culture, and to read their most important books. The "not created here" idea comes from fear and dislike of foreign things and culture. It makes people avoid important ideas and new ways of working.

Native English speakers, of course, speak English most of the time – with their families, the people they work with, their neighbors, and their pessoal friends. Sometimes they talk to non-native speakers in English, but most English speakers do not do this often. On the other hand, a Portuguese man speaks English most often with non-native English speakers. They all

Capítulo 4

A vantagem dos falantes nativos é o seu problema

Falar um idioma adicional é sempre bom. Torna mais fácil admitir que há maneiras diferentes de fazer as coisas. Ajuda também a compreender outras culturas, entender por que são valorizadas e o que elas produziram. Pode-se descobrir uma cultura estrangeira por meio de viagens e traduções. Mas a verdadeira compreensão é outra coisa: ela requer um certo domínio da língua para falar com pessoas daquela cultura e ler seus livros mais importantes. A ideia do "não criado aqui" provém do medo e da repulsa diante de coisas e culturas estrangeiras. Isso faz com que as pessoas evitem ideias importantes e novas maneiras de fazer as coisas.

Os falantes nativos do inglês, é claro, falam inglês a maior parte do tempo – com suas famílias, as pessoas com quem trabalham, seus vizinhos e amigos pessoais. Às vezes, falam em inglês com falantes não-nativos, mas a maioria dos falantes do inglês não fazem isso com frequência. Por outro lado, um português fala inglês com falantes não-nativos mais frequentemente. Todos têm sotaques estranhos.

have strange accents. His ears become sympathetic. He learns to listen and understand and not be confused by the accent. He learns to understand a Korean, a Scotsman or a New Zealander with strong local accents. And he learns to understand the pronunciations of others learning English. Often, he understands accents much better than a native English speaker.

It is a general observation that the person who already speaks five languages has very little difficulty learning the sixth one. Even the person who masters two languages is in a much better position to learn a third one than the countryman/countrywoman who sticks only to the mother tongue. That is why it is too bad people no longer speak their local patois. The practice almost disappeared during the 20th century.

Scientists tell us that having a second language seems to enable some mysterious brain connections which are otherwise not used at all. Like muscles with regular exercise, these active connections allow people to learn additional foreign languages more easily.

Now that so many people migrate to En-glish-speaking countries, many of the young people in those families quickly learn En-glish. It is estimated, for example, that 10% of all younger persons in the UK still keep another

Seus ouvidos tornam-se solidários. Ele aprende a ouvir e compreender, e a não se confundir com o sotaque. Aprende a entender um coreano, um escocês ou um neozelandês com fortes sotaques locais. E aprende a entender as pronúncias de outros que estão aprendendo o inglês. Com frequência, ele entende os diferentes sotaques muito melhor do que um falante nativo.

Observa-se que a pessoa que já sabe falar cinco idiomas tem muito pouca dificuldade para aprender o sexto. Mesmo a pessoa que domina dois idiomas está em uma situação muito melhor para aprender um terceiro do que o compatriota que se restringe apenas à língua materna. Por isso é uma pena que as pessoas não falem mais seus dialetos locais. Essa prática quase desapareceu no século 20.

Os cientistas nos dizem que conhecer um segundo idioma parece possibilitar algumas conexões cerebrais misteriosas que, de outro modo, absolutamente não são usadas. Assim como ocorre com os músculos através de exercícios regulares, essas conexões ativas permitem que as pessoas aprendam idiomas estrangeiros adicionais com maior facilidade.

Agora que tantas pessoas emigram para países de fala inglesa, muitos dos jovens dessas famílias aprendem o inglês rapidamente. Estima-se, por exemplo, que 10% de todas as pessoas mais jovens no Reino Unido ainda mantém ou-

language after they learn English. Probably similar figures are available in the US. Those children have an extra set of skills when speaking to other new English language learners.

The British Council is the highest authority on English learning and speaking. It agrees with us in its findings. David Graddol of the British Council is the writer of *English Next*, which is a major study from the British Council. Graddol said (as *translated into Globish*):

> *"(Current findings)... should end any sureness among those people who believe that the global position of English is completely firm and protected. We should not have the feeling that young people of the United Kingdom do not need abilities in additional languages besides English."*

Graddol confirms:

> *"Young people who finish school with only English will face poor job possibilities compared to able young people from other countries who also speak other languages. Global companies and organizations will not want young people who have only English.*
>
> *Anyone who believes that native speakers of English remain in*

tro idioma depois de aprender o inglês. Provavelmente cifras similares são verificadas nos Estados Unidos. Essas crianças têm um conjunto extra de habilidades quando conversam com outros novos aprendizes do idioma inglês.

O Conselho Britânico é a mais alta autoridade no que se refere ao aprendizado e à fala do inglês. Em suas constatações, o Conselho está de acordo conosco. David Graddol, do Conselho Britânico, é o autor de *English Next*, que é um importante estudo desenvolvido pelo Conselho Britânico. Graddol disse (conforme *traduzido para o Globish*):

> *"[As atuais constatações] deveriam dar fim à convicção daqueles que acreditam que a posição global do inglês está completamente firme e protegida. Não deveríamos ter a impressão de que os jovens do Reino Unido não necessitam ter habilidades em idiomas adicionais além do inglês".*

Graddol confirma:

> *"Os jovens que terminam sua educação conhecendo apenas o inglês enfrentarão possibilidades de trabalho inferiores em comparação com jovens aptos de outros países que falem também outros idiomas. As companhias e organizações globais não desejarão jovens que falem apenas o inglês.*
>
> *Se alguém acredita que os falantes nativos do inglês detêm o contro-*

controle of these developments will be very troubled. This book suggests that it is native speakers who, perhaps, should be the most worried. But the fact is that the future development of English is now a global concern and should be troubling us all.

English speakers who have only English may not get very good jobs in a global environment, and barriers preventing them from learning other languages are rising quickly. The competitive edge (pessoally, organizationally, and nationally) that English historically provided people who learn it, will go away as English becomes a near-universal basic skill.

English-speaking ability will no longer be a mark of membership in a select, educated, group. Instead, the lack of English now threatens to leave out a minority in most countries rather than the majority of their population, as it was before.

Native speakers were thought to be the "gold standard" (**idioms remain in this section**)*; as final judges of quality and authority. In the new, quickly-appearing environment, native speakers may increasingly be indentified*

le desses desenvolvimentos, está muito equivocado. Este livro sugere que os falantes nativos talvez sejam aqueles que deveriam estar mais preocupados. Mas o fato é que o futuro desenvolvimento do inglês é agora de interesse global, e deveria preocupar a todos nós.

Os falantes do inglês que sabem apenas o inglês podem não conseguir empregos muito bons em um ambiente global, e os obstáculos que os impedem de aprender outros idiomas aumentam rapidamente. As vantagens competitivas (no âmbito pessoal, organizacional e nacional) que o inglês historicamente fornecia àqueles que o aprendiam desaparecerão à medida que o inglês se torna uma habilidade básica quase universal.

A habilidade de falar inglês já não será um indicativo de pertencimento a um grupo seleto e educado. Em vez disso, hoje o desconhecimento do inglês, na maior parte dos países, ameaça excluir uma minoria, e não a maioria de sua população, como ocorria antes.

Julgava-se que os falantes nativos eram o "padrão de excelência" (**as expressões idiomáticas estão no final da seção**)*, como juízes definitivos da qualidade e da autoridade. No novo ambiente que surge aceleradamente, os falantes nativos podem ser, cada vez mais,*

as part of the problem rather than being the basic solution. Non-native speakers will feel these "golden" native speakers are bringing along "cultural baggage" of little interest, or as teachers are "gold-plating" the teaching process.

Traditionally, native speakers of English have been thought of as providing the authoritative stand-ard and as being the best teachers. Now, they may be seen as presenting barriers to the free development of global English.

We are now nearing the end of the period where native speakers can shine in their special knowledge of the global "lingua franca."

Now David Graddol is an expert on this subject. But he is also an Englishman. It would be difficult for him – or any native English speaker – to see all that non-native speakers see… and see differently.

For example, non-native speakers see how native English speakers believe that their pronunciation is the only valid one. Pronunciation is not easy in English. There are versions of English with traditional or old colonial accents. Many different British accents were mixed in the past with local languages in colonies such as

identificados como parte do problema, e não como sendo a solução básica. Os falantes não-nativos terão a sensação de que estes falantes nativos "de excelência" trazem consigo uma "bagagem cultural" pouco interessante, ou que, como professores, supervalorizam o processo de ensino.

Tradicionalmente, considerava-se que os falantes nativos forneciam o padrão de autoridade e que eram os melhores professores. Atualmente, pode-se considerar que eles apresentam impedimentos ao livre desenvolvimento do inglês global.

Estamos hoje próximos do fim do período em que os falantes nativos podem se destacar por seu conhecimento especial da "língua franca" global.

Atualmente, David Graddol é um especialista nesse assunto. Mas ele também é um inglês. Seria difícil para ele – ou para qualquer falante nativo do inglês – ver tudo o que os falantes não-nativos veem… e veem de maneira diferente.

Por exemplo, os falantes não nativos veem como os falantes nativos consideram que sua pronúncia é a única válida. A pronúncia do inglês não é fácil. Há versões do inglês com sotaques tradicionais ou coloniais antigos. Muitos sotaques britânicos distintos mesclaram-se, no passado, com línguas locais, em colô-

America, India, South Africa, Hong Kong, Australia, or New Zealand. Today more accents are becoming common as English gets mixed with the accents from other languages. Learners of English often have to struggle to hear "native" English and then to manage the different accents. Learners often learn English with the older colonial accents or newer accents. Not many people now speak English like the Queen of England.

Also, native speakers often use their local idioms as if they are universal. (Like saying that someone who dies is "biting the dust". How long does it take to explain what these really mean? The modern global citizen does not need language like that.)

Non-native speakers also observe this: that most native speakers believe they are English experts because they can speak English so easily. Language schools in non-English-speaking countries often have native English speakers as teachers. They are said to be the "gold standard" (an *idiom!*) in English.

But these native speakers are not always trained teachers. Often all they have is their ability to pronounce words. They do not know what it is like to learn English. In the end result, a teacher needs to know how to

nias como América, Índia, África do Sul, Hong Kong, Austrália ou Nova Zelândia. Hoje, mais sotaques tornam-se comuns, à medida que o inglês mistura-se com os sotaques de outros idiomas. Os aprendizes do inglês têm de se esforçar para ouvir o inglês "nativo" e, depois, lidar com os diferentes sotaques. Os estudantes com frequência aprendem o inglês com os antigos sotaques coloniais ou com sotaques mais recentes. Não há muitas pessoas hoje que falem inglês como a rainha da Inglaterra.

Além disso, os falantes nativos muitas vezes usam suas expressões idiomáticas como se fossem universais. (Por exemplo, ao dizer que alguém que morreu está "mordendo o pó". Quanto tempo leva para se explicar o que isto realmente significa? O cidadão global moderno não precisa desse tipo de linguagem.)

Os falantes não nativos também percebem isto: que a maioria dos falantes nativos julgam que são especialistas em inglês pelo fato de serem capazes de falá-lo com facilidade. As escolas de idiomas em países que não são de fala inglesa com frequência têm falantes nativos do inglês como professores. Afirma-se que eles são um "padrão de ouro" (*uma expressão idiomática!*) em inglês.

Mas estes falantes nativos nem sempre são professores treinados. Com frequência, tudo o que têm é sua habilidade de pronunciar as palavras. Não sabem o que é aprender inglês. No resultado final, um professor precisa saber como ensinar.

teach. So sometimes non-native English speakers become better teachers of English than people with the perfect UK, or US, or South African English pronunciation.

Portanto, às vezes os falantes não nativos tornam-se melhores professores de inglês do que as pessoas com a pronúncia perfeita do inglês do Reino Unido, dos Estados Unidos ou da África do Sul.

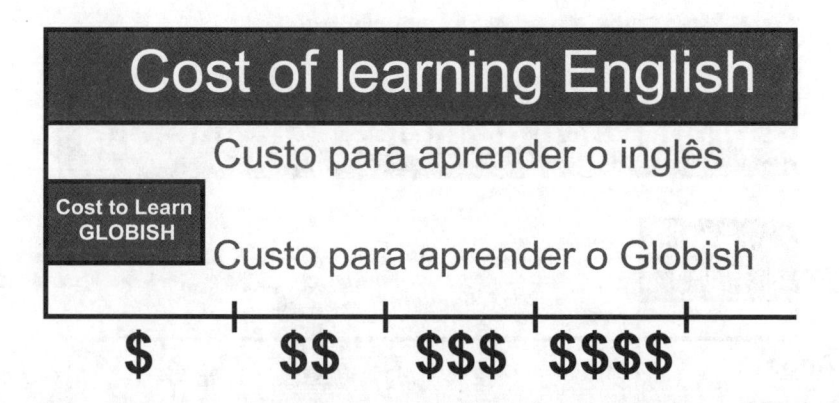

Cost of learning English
Custo para aprender o inglês
Cost to Learn GLOBISH Custo para aprender o Globish
$ $$ $$$ $$$$

In the past, English schools have made a lot of money using native speakers to teach English. Thus the students always work towards a goal that is always out of reach. Probably none of these students will ever speak the Queen's English. To achieve that you must be born not far from Oxford or Cambridge. Or, at a minimum, you must have learned English when your voice muscles were still young. That means very early in your life, before 12 years old. Learning to speak without an accent is almost impossible. You will always need more lessons, says the English teacher who wants more work.

No passado, as escolas de inglês ganharam muito dinheiro utilizando falantes nativos para ensinar o inglês. Desse modo, os estudantes sempre se empenharam por um objetivo que estava fora de seu alcance. Provavelmente, nenhum desses estudantes jamais falará o inglês da rainha. Para conseguir isso, seria necessário ter nascido perto de Oxford ou de Cambridge. Ou, no mínimo, ter aprendido inglês quando os músculos da voz ainda eram jovens. Isso significa muito cedo na vida, antes dos 12 anos. Aprender a falar sem sotaque é quase impossível. Você sempre precisará de mais lições, diz o professor de inglês, que quer ter mais trabalho.

But here is the good news: Your accent just needs to be "understandable"...

Mas eis aqui a boa notícia: seu sotaque precisa ser apenas "compreensível"...

not perfect. Learners of English often need to stop and think about what they are doing. It is wise to remember to ask: how much English do I *need*? Do I need *all* the fine words and perfect pronunciation? Perhaps not....

não perfeito. Os estudantes de inglês com frequência precisam parar e pensar sobre o que estão fazendo. É prudente lembrar-se de indagar: de quanto inglês *necessito*? Preciso mesmo de *todas* as palavras requintadas e da pronúncia perfeita? Talvez não...

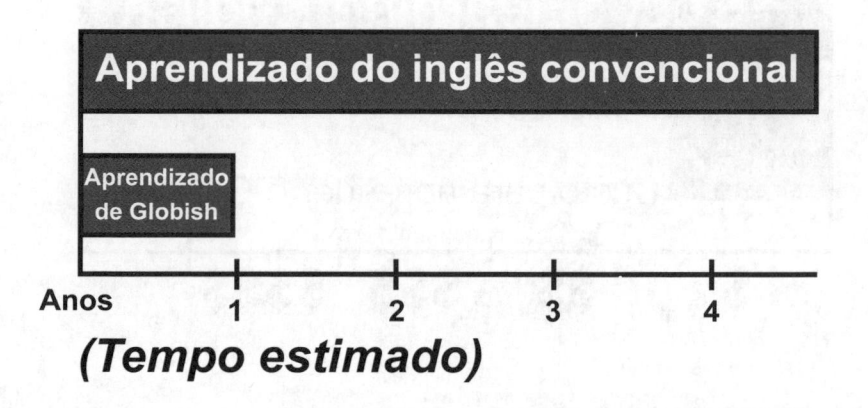

Aprendizado do inglês convencional

Aprendizado de Globish

Anos 1 2 3 4

(Tempo estimado)

Technical Words
   Idiom – a term for the use of colorful words which may not be understood by non-native speakers.
   Lesson – one section of a larger course of study.
International Words
   Migrate – to move your home from one country to another. Also: an immigrant is a person who migrates.

Termos técnicos
   Expressão idiomática – o uso de palavras expressivas ou figuradas que podem não ser compreendidas por falantes não-nativos.
   Lição – seção de um curso mais amplo.
Termos internacionais
   Migrar – transferir sua residência de um país para outro. Também: um imigrante é uma pessoa que migra.

Chapter 5

The English Learners' Problem… Can Be Their Edge

Some very expert English speakers take pride in speaking what is called "plain" En-glish. They recommend we use simple English words, and to avoid foreign, borrowed words for example. So speaking plain English is not speaking bad English at all, and might even be speaking rather good English. Using unusual or difficult words does not always mean you know what you are talking about. In many cases, "plain" English is far more useful than other English. The term "Plain English" is the name of a small movement, but the term is most often used between native speakers to tell each other that the subject is too difficult. They say: *"Just tell me in plain English!"*

It is very important, on the other hand, to speak correct English. Correct English means using common English words in sentences that have reasonably good meanings. Of course, everyone makes mistakes now and then, but a good goal is to say things in a correct

Capítulo 5

O problema dos estudantes de inglês… pode ser sua vantagem

Alguns falantes muito eruditos sentem orgulho de falar o que se chama de inglês "claro" ou "simples". Recomendam que usemos palavras inglesas simples e que evitemos tomar emprestadas palavras estrangeiras, por exemplo. Assim, falar um inglês simples não é, de modo algum, falar um inglês ruim, e pode até mesmo significar falar bem o inglês. Utilizar palavras não usuais ou difíceis nem sempre significa que se sabe do que se está falando. Em muitos casos, o inglês "simples" é muito mais útil que outros tipos de inglês. A expressão "inglês claro" é o nome de um pequeno movimento, mas é mais frequentemente usada entre os falantes nativos para dizer um ao outro que o assunto é excessivamente complicado. Eles dizem: *"Apenas me fale em inglês claro!"*.

Por outro lado, é muito importante falar um inglês correto. Falar um inglês correto significa utilizar palavras inglesas comuns em frases razoavelmente bem dotadas de sentido. Evidentemente, todos cometem erros de vez em quando, mas um bom objetivo é dizer as coisas de um modo corre-

way using simple words. This makes it easier to say things that are useful.

Of course, we know that we say things well enough if people understand what we say. So we need to observe a level of usage and correctness in English which is "enough" for understanding. Less is not enough. And "more than enough" is too much – too difficult – for many people to understand. Most public messages – such as advertisements use fairly common words and fairly simple English. The messages often cost a lot so it is important everyone understands them. On television, time for messages can cost huge amounts so the English used is chosen very carefully. The American Football Super Bowl in the US has advertisements that are very easy to understand. The advertisers pay $2 000 000 a minute for their advertisements, so they want to be sure people understand!

There is a level of English that is acceptable for most purposes of understanding. This is the level that Globish aims to show. As we will see in greater detail, Globish is a defined subset of English. Because it is limited, eve-ryone can learn the same English words and then they can understand each other. Globish uses simple sentence structures and a small number of words, so that means you

to utilizando palavras simples. Isto torna mais fácil dizer coisas que sejam úteis.

Naturalmente, percebemos que nos expressamos satisfatoriamente quando as pessoas entendem o que dizemos. Assim, é preciso respeitar um certo nível de uso e de correção que seja "suficiente" para a compreensão. Menos que isso não é o suficiente. E "mais que o suficiente" é demais – difícil demais – para que muitas pessoas entendam. A maioria das mensagens públicas – como por exemplo os anúncios – utilizam palavras muito comuns e um inglês muito simples. Os anúncios com frequência são caros, por isso é importante que todos consigam compreendê-los. Na televisão, o tempo para os anúncios pode custar grandes quantias, portanto o inglês utilizado é escolhido com muito cuidado. A Super Copa de futebol americano, nos Estados Unidos, tem anúncios que são muito fáceis de entender. Os anunciantes pagam US$2.000.000 por minuto para exibir seus anúncios, e, portanto, querem ter certeza de que as pessoas entenderão!

Há um nível de inglês que é aceitável para a maioria dos propósitos da compreensão. Este é o nível que o Globish pretende mostrar. Como veremos mais detalhadamente, o Globish é um subconjunto definido do inglês. Por ser limitado, todos podem aprender as mesmas palavras inglesas e, então, conseguem entender uns aos outros. O Globish utiliza estruturas sintáticas simples e um número de palavras reduzido, o que significa que é

have to learn less. And it can be expanded easily when people choose to do this.

The Globish word list has 1500 words. They have been carefully chosen from all the most common words in English. They are listed in the middle of this book. In the Oxford En-glish Dictionary there are about 615000 entries. So how could 1500 words be enough? This book – in Globish – uses those 1500 basic words and their variations.

This list of 1500, of course, will also accept a few other words which are tied to a trade or an industry: call them "technical words." (Technical is a technical word.) Some technical words are understood everywhere. In the computer industry, words like web and software are usually known by everyone. They are from English or are made up, like Google. And in the cooking industry, many words are French, like "sauté" or "omelette".

Globish also uses words that are already international. Travelers communicate using words like "pizza", "hotel", "police", "taxi", "stop", "restaurant", "toilets", and "photo".

1500 is a lot of words, because English has been a language where words "father" words. The children words of the first 1500 words are easy to learn.

preciso aprender menos. E ele pode ser facilmente expandido caso se deseje.

O vocabulário do Globish possui 1.500 palavras. Elas foram cuidadosamente selecionadas dentre as palavras mais comuns da língua inglesa. Elas estão listadas na metade deste livro. No *Dicionário Oxford de Inglês* há cerca de 615 mil verbetes. Então, como 1.500 palavras poderiam ser suficientes? Este livro – em Globish – usa essas 1.500 palavras básicas e suas variações.

Esta lista de 1.500, naturalmente, aceitará também algumas outras palavras vinculadas ao comércio ou à indústria: podemos chamá-las de "palavras técnicas" (o termo "técnicas" é uma palavra técnica). Algumas palavras técnicas são entendidas em qualquer lugar. Na área da informática, palavras como *web* e *software* são geralmente conhecidas por todos. Elas provêm do inglês ou são inventadas, como por exemplo "Google". E, na área da gastronomia, muitas palavras são de origem francesa, como "sauté" ou "omelete".

O Globish também utiliza palavras que já são internacionais. Os viajantes se comunicam usando palavras como "pizza", "hotel", "police", "taxi", "stop", "restaurant", "toilets" e "photo".

1.500 palavras são muitas palavras, pois o inglês é uma língua na qual as palavras "originam" outras. As palavras derivadas das 1.500 palavras originais são

For instance, "care" is the father of "careful, carefully, carefulness, careless, carelessly, carelessness, uncaring, caretaker, etc..." It is the same with "use" and hundreds of other words. If you count all the fathers and their children you find over 5,000 Globish words.

Experts say most native English speakers use only about 3,500 words. Well-educated speakers may know many more words but probably only use about 7,500 words. It is demonstrated that even native speakers with high education say 80% of what they have to say with only 20% of their word-wealth. This is only one good example of a universal law called the "Pareto Principle", named after its Paris-born inventor. The Pareto Principle states: For all things that happen, 80% of the results come from 20% of the causes. So, 20% of the educated native speaker's 7500 word wealth is....1500. So with 1500 words, you may communicate better than the average native English speaker, and perhaps as well as the highly-educated one – for 80% of the ideas. For the 20% left over, in Globish you can use a definition instead. You will not say "my nephew", as this could be too difficult in many non-English speaking countries. You will say instead: "the son of my brother". It will be all right.

fáceis de aprender. Por exemplo, "care" origina "careful", "carefully", "carefulness", "careless", "carelessly", "carelessness", "uncaring", "caretaker" etc. O mesmo ocorre com "use" e centenas de outras palavras. Se contarmos todas as palavras originais e suas derivadas, encontraremos mais de 5 mil palavras do Globish

Os especialistas dizem que a maioria dos falantes nativos utilizam apenas cerca de 3.500 palavras. Os falantes bem instruídos podem conhecer muitas palavras a mais, contudo, utilizam, provavelmente, apenas cerca de 7.500. Está demostrado que até falantes nativos com alto grau de instrução dizem 80% do que têm a dizer com apenas 20% de seu vocabulário. Isto é apenas um bom exemplo de uma lei universal chamada de "princípio de Pareto", nome de seu inventor parisiense. O princípio de Pareto afirma: para todas as coisas que acontecem, 80% dos resultados provêm de 20% das causas. Assim, 20% do vocabulário de 7.500 palavras de um falante nativo instruído equivale a... 1.500. Deste modo, com 1.500 palavras, é possível que você se comunique melhor que o falante nativo mediano, e talvez tão bem quanto o falante nativo bem instruído – para 80% das ideias. Para os 20% restantes, em Globish pode-se utilizar uma definição em substituição. Você não dirá "meu sobrinho", já que isto poderia ser muito difícil em muitos países que não sejam de fala inglesa. Em vez disso, você dirá: "o filho de meu irmão". E estará tudo bem.

But where did the 1500 words come from?	**Mas de onde vêm essas 1.500 palavras?**
Various lists of most-commonly-used English words have suggested the 1500 basic words of Globish. However, the value of a set of words should not be by the place they come from but how well we use them.	Diversas listas das palavras inglesas mais utilizadas sugerem as 1.500 palavras básicas do Globish. Contudo, o valor de um conjunto de palavras não deve ser determinado pelo lugar do qual provêm, mas pelo bom uso que delas fazemos.
Globish is correct English *and* it can communicate with the greatest number of people all over the world. Of course, native English speakers can understand it very quickly because it is English. And even better: they usually do not notice that it is Globish. But non-native English speakers *do* see the difference: they understand the Globish better than the English they usually hear from native English speakers.	O Globish é um inglês correto *e* capaz de se comunicar com o maior número de pessoas em todo o mundo. Evidentemente, os falantes nativos do inglês conseguem entendê-lo muito rapidamente, pois é inglês. E melhor ainda: eles usualmente não percebem que é Globish. Mas os falantes não-nativos *percebem* a diferença: entendem o Globish melhor do que o inglês que geralmente ouvem de falantes nativos.

Technical Words
    Technical – with a scientific basis, or used by a profession.

International Words
    Pizza – an Italian food found most places in the world.
    Hotel – a place to stay which rents many rooms by the night.
    Police – men or women who make certain you follow the law.
    Taxi – a car and driver you rent to take you individual places.
    Restaurant – a place to eat where you buy single meals.
    Toilets – places to wash hands and do other necessary things.
    Photo – a picture taken with a camera.
    Piano – a large box with many keys to make music with.
    Sauté – French way of cooking; makes meat or vegetables soft.
    Omelette – a way of cooking meals with eggs.

Termos técnicos
Técnico – com uma base científica, ou usado por uma profissão.
Termos internacionais
Pizza – uma comida italiana encontra na maioria dos lugares do mundo.
Hotel – um lugar para se hospedar que aluga muitos quartos por noite.
Police (polícia) – pessoas que asseguram o cumprimento da lei.
Taxi (táxi) – carro e motorista alugados para levá-lo ao local desejado.
Restaurant (restaurante) – local para comer onde se compram refeições individuais.
Toilets (Toilettes ou toaletes) – locais para lavar as mãos e fazer outras coisas necessárias.
Photo (foto) – imagem captada com uma câmera.
Piano – uma caixa grande com muitas teclas para fazer música.
Sauté – uma maneira francesa de cozinhar; torna macios carnes ou vegetais.
Omelette (omelete) – forma de fazer pratos à base de ovos.

Chapter 6

The Value of a Middle Ground

Capítulo 6

O valor de um meio-termo

There is a story about one of the authors. He worked for an American oil exploration company in his youth. He did not grow up in Oklahoma or Texas like the other workers. One time he had to work with map makers in the high plains of Wyoming. There, the strong winds are always the enemy of communication.

His job was to place recording devices on a long line with the map makers. He would go ahead first with a tall stick, and the oil company map makers behind would sight the stick from far away. They waved at him, to guide him left or right. Then he would shout out the number of the device he planted there, on that straight line. The wind was very loud and he had to shout over it. But often the map makers from Oklahoma and Texas would just shake their heads. They could not understand what he shouted. The boy couldn't talk right – they said.

Then one night, all the men had drinks together. They said they did not want

Há uma história acerca de um dos autores deste livro. Quando jovem, ele trabalhou para uma empresa norte-americana de exploração de petróleo. Ele não cresceu em Oklahoma nem no Texas, como os demais trabalhadores. Certa vez, teve de trabalhar com cartógrafos nos planaltos de Wyoming. Ali, os ventos fortes são sempre o inimigo das comunicações.

Seu trabalho era instalar dispositivos de gravação num extenso percurso, junto com os cartógrafos. Ele ia à frente, com uma longa vara, e os cartógrafos da companhia de petróleo, atrás dele, conseguiam enxergar a vara de longe. Eles acenavam para ele, orientando-o para a esquerda ou a direita. Ele, então, gritava o número do dispositivo que instalara ali, nessa linha reta. O vento fazia muito ruído, e era preciso gritar mais alto que ele. Mas, frequentemente, os cartógrafos de Oklahoma e do Texas apenas sacudiam suas cabeças. Não conseguiam entender o que ele dissera. O rapaz não consegue falar direito – diziam eles.

Então, certa noite, todos se reuniram para beber. Disseram que não queriam

to fire him, but they could not understand his numbers in the wind. After a few more drinks, they decided they could be language teachers. They taught him a new way to count, so the wind would not take away the numbers when he shouted them.

Some of the numbers in the new dialect of English sounded familiar, but others were totally different: (1) "wuhn" (2) "teu" (3) "thray" (4) "foar" (5) "fahve" (6) "seex" (7) "sebn" (8) "ate" (9) "nahne" (10) "teeyuhn" (11) "lebn", and on like that. The mapmakers were very happy, and not just because of the drinks. They had saved more than a job. They felt they had saved a soul. They had taught someone to "talk right" as they knew it.

Many people have experiences like this. If we do not speak different languages or dialects, at least we speak differently at times. We can copy different accents. Sometimes we speak in new ways to make it easier for others to understand us, and sometimes to sound like others so we are more like them. We often use different ways of speaking for jokes.

It should be easy to use Globish – the same words for everyone everywhere in the world. One language for everyone would be the best tool ever. It would be a tool for communication in a useful way. It might not be as

demiti-lo, mas que não conseguiam entender seus números com o vento. Após mais algumas bebidas, decidiram que podiam ser seus professores de idioma. Ensinaram-lhe uma nova maneira de contar, a fim de que o vento não levasse embora os números quando os gritasse.

Alguns dos números no novo dialeto do inglês soavam familiares, mas outros eram totalmente diferentes: (1) "wuhn" (2) "teu" (3) "thray" (4) "foar" (5) "fahve" (6) "seex" (7) "sebn" (8) "ate" (9) "nahne" (10) "teeyuhn" (11) "lebn", e assim por diante. Os cartógrafos estavam muito contentes, e não apenas por causa da bebida. Haviam salvo mais que um emprego. Sentiam que haviam salvo uma alma. Haviam ensinado alguém a "falar direito", como assim consideravam.

Muitas pessoas têm experiências desse tipo. Se não falamos diferentes idiomas ou dialetos, ao menos falamos, às vezes, de maneira diferente. Podemos imitar diferentes sotaques. Às vezes, falamos de maneiras novas para que outros nos entendam mais facilmente, e, outras vezes, a fim de soar como outras pessoas para ficarmos mais parecidos com elas. Com frequência usamos maneiras diferentes de falar para fazer graça.

Deveria ser fácil usar o Globish – as mesmas palavras para todos em todas as partes do mundo. Um único idioma para todos seria a melhor ferramenta já criada. Seria uma ferramenta útil para a comunicação. Poderia não ser tão boa

good for word games as English, or as good for describing deep feelings. But Globish would be much better for communication between – or with – people who are not native En-glish speakers. And, of course, native English speakers could understand it too.

So Globish makes an effective tool. You'll be able to do almost anything with it, with a good understanding of what it is and how it works.

But Globish does not aim to be more than a tool, and that is why it is different from English. English is a cultural language. It is a very rich language. It sometimes has 20 different words to say the same thing. And it has a lot of different ways of using them in long, *long* sentences. Learning all the rest of English is a lifetime of work but there is a good reward. People who learn a lot of En-glish have a rich world of culture to explore. They do a lot of learning and can do a lot with what they learn.

But Globish does not aim so high. It is just meant to be a necessary amount. Globish speakers will enjoy travel more, and can do business in Istanbul, Kiev, Madrid, Seoul, San Francisco and Edinburgh.

This will be worth repeating: *Globish is "enough" and less than Globish would be not enough.* But more

quanto o inglês para jogos de palavras, ou para descrever sentimentos profundos. Mas o Globish seria muito melhor para a comunicação entre – ou com – pessoas que não são falantes nativos de inglês. E, é claro, os falantes nativos também conseguiriam entender.

Assim, o Globish é uma ferramenta eficiente. Você será capaz de fazer quase tudo com ele, se tiver uma boa compreensão do que é e de como funciona.

Mas o Globish não pretende ser mais que uma ferramenta, e é por isso que ele é diferente do inglês. O inglês é um idioma cultural. É um idioma muito rico. Em certos casos, possui 20 palavras diferentes para dizer a mesma coisa. E tem muitas maneiras distintas de usá-las em frases longas, bem *longas*. Aprender todo o restante do idioma inglês equivale a uma vida inteira de dedicação, mas há uma boa recompensa. As pessoas que aprendem muito do inglês têm um rico mundo cultural a explorar. Aprendem muito e podem fazer muito com o que aprendem.

Mas o Globish não almeja tanto. Pretende ser apenas o necessário. Os falantes de Globish aproveitarão mais suas viagens e poderão fazer negócios em Istambul, Kiev, Madri, Seul, San Francisco ou Edimburgo.

Vale repetir: *o Globish é "suficiente", e menos que o Globish não seria suficien-*

than Globish could be too much, and when you use too much English, many people will not understand you.

This confuses some people, especially English teachers. They say: "How is better English, richer English, not always better?" English teachers like people to enjoy the language, to learn more and more English. It is their job.

When we see native speakers speak English it seems so easy. We think it should be easy for non-native speakers too. But when we look at English tests, we see that all kinds of English are used. There is no clear level of English, just more and more of it. For example, the TOEIC (Test of English for International Communication) does not tell you when you are ready. It does not say when you have "acceptable" English. Globish is a standard that you can reach. A Globish test can tell you if you have a required amount of language to communicate with other people. That is what brings "understanding" – and either we have it, or we don't.

The British Council says (in Globish again):

> "For ELF (English as a Lingua Franca) being <u>understood</u> is most important, rather more important than being perfect. The goal of En-glish – within the

te. Contudo, mais que o Globish pode ser excessivo, e, quando se usa inglês em excesso, muitas pessoas não entenderão.

Isto confunde algumas pessoas, especialmente os professores de inglês. Eles dizem: "Como é possível que um inglês melhor, um inglês mais rico, não seja sempre melhor?". Os professores de inglês gostam que as pessoas apreciem a língua, que aprendam mais e mais inglês. Este é o seu trabalho.

Quando vemos falantes nativos falar inglês, parece muito fácil. Pensamos que deveria ser fácil também para os falantes não-nativos. Mas, quando analisamos os exames de inglês, verificamos que são usados todos os tipos de inglês. Não há um nível definido de inglês, apenas mais e mais inglês. Por exemplo, o TOEIC (Teste de Inglês para a Comunicação Internacional) não lhe diz quando você está pronto. Ele não lhe diz quando atingiu um inglês "aceitável". O Globish é um padrão que você pode alcançar. Um exame de Globish pode lhe dizer se você possui o nível idiomático necessário para se comunicar com outras pessoas. É isso que gera o "entendimento" – ou nós o temos, ou não.

O Conselho Britânico diz (novamente, traduzido em Globish):

> "No que se refere ao ELF (English as a Lingua Franca [inglês como língua franca]), ser <u>compreendido</u> é muito importante, mais importante que falar perfeitamente. A meta do inglês – den-

ELF idea – is not a native speaker but a good speaker of two languages, with a national accent and some the special skills to achieve understanding with another non-native speaker."

These non-native speakers, in many cases, speak much less perfect English than native speakers. Speaking with words that go past the words they understand is the best way to lose them. It is better then, to stay within the Globish borders. It is better to do that than to act as if you believe that the best English shows the highest social status. **With Globish, we are all from the same world.**

tro da ideia do ELF – não é um falante nativo, mas um falante competente de dois idiomas, com um sotaque nacional e algumas habilidades especiais que possibilitem a comunicação com outro falante não-nativo".

Estes falantes não-nativos, em muitos casos, falam um inglês muito menos perfeito que os falantes nativos. Usar palavras que ultrapassam aquelas que eles conseguem entender é a melhor maneira de perdê-los. É melhor, então, manter-se dentro das fronteiras do Globish. É melhor fazer isso do que agir como se você considerasse que um inglês melhor revela uma posição social mais elevada. **Com o Globish, somos todos do mesmo mundo.**

Chapter 7

The Beginnings of Globish

The *most* important thing about Globish is that it started with non-native English speakers. Some English professor could have said "I will now create Globish to make English easy for these adults who are really children." Then Globish would not be global, but just some English professor's plaything. But the true Globish idea started in international meetings with British, Americans, continental Europeans, and Japanese, and then Koreans. The communication was close to excellent between the British and the Americans. But it was not good between those two and the other people. Then there was a big surprise: the communication between the last three groups, continental Europeans, Japanese, and Koreans, was among the best. There seemed to be one good reason: they were saying things with each other that they would have been afraid to try with the native English speakers – for fear of losing respect. So all of these non-native speakers felt comfortable and safe in what sounded like English, but was far from it.

Capítulo 7

O início do Globish

A coisa *mais* importante acerca do Globish é o fato de ter começado com falantes não-nativos. Algum professor de inglês poderia ter dito: "inventarei o Globish para tornar o inglês fácil para aqueles adultos que são realmente crianças". Então, o Globish não seria global, seria apenas um jogo criado por um professor de inglês. Mas a verdadeira ideia do Globish teve início em assembleias internacionais entre britânicos, norte-americanos, europeus do continente e japoneses, e, depois, coreanos. A comunicação era quase perfeita entre britânicos e norte-americanos. Mas não era boa entre esses dois grupos e as outras pessoas. Então, houve uma grande surpresa: a comunicação entre os três últimos grupos, europeus do continente, japoneses e coreanos, estava entre as melhores. Parecia haver uma boa razão para isso: estavam dizendo coisas entre si que teriam tido receio de tentar comunicar a falantes nativos, por medo de perder o seu respeito. Assim, todos esses falantes não-nativos sentiam-se confortáveis e seguros com aquilo que soava como inglês, mas que estava longe de sê-lo.

But those non-native English speakers were all *talking* to each other. Yes, there were many mistakes. And yes, the pronunciation was strange. The words were used in unusual ways. Many native English speakers think English like this is horrible. However, the non-native speakers were enjoying their communication.

But as soon as one of the English or Americans started speaking, everything changed in one second. The non-native speakers stopped talking; most were afraid of speaking to the native English speakers. None of them wanted to say a word that was incorrect.

It is often that way across the world. Non-native English speakers have many problems with English. Some native English speakers say non-natives speak "broken English." In truth, non-native English speakers talk to each other effectively *because* they respect and share the same limitations.

The Frenchman and the Korean know they have similar limitations. They do not use rare, difficult-to-understand English words. They choose words that are "acceptable" because they are the easiest words they both know. Of course, these are not always those of the native speakers, who have so many more words to choose from.

Mas esses falantes não-nativos estavam *conversando* entre si. Sim, havia muitos erros. E sim, a pronúncia era estranha. As palavras eram usadas de maneira não usual. Muitos falantes nativos consideram que este tipo de inglês é horrível. Contudo, os falantes não-nativos estavam conseguindo se comunicar.

No entanto, assim que um dos ingleses ou norte-americanos começava a falar, tudo mudava em um segundo. Os falantes não-nativos paravam de falar; a maioria tinha receio de conversar com os falantes nativos. Nenhum deles queria dizer algo que estivesse incorreto.

Isso ocorre com frequência em todo o mundo. Os falantes não-nativos têm muitos problemas com o inglês. Alguns falantes nativos dizem que os não-nativos falam um "inglês defeituoso". Na verdade, os falantes não-nativos conversam entre si de maneira eficaz *justamente* porque respeitam e compartilham as mesmas limitações.

Os franceses e os coreanos sabem que têm limitações similares. Não utilizam palavras inglesas de uso raro ou difíceis de entender. Escolhem palavras "aceitáveis" porque são as palavras mais fáceis que ambos conhecem. Evidentemente, tais palavras nem sempre são aquelas dos falantes nativos, que têm muito mais palavras dentre as quais escolher.

The idea of Globish came from this observation: limitations are not always a problem. In fact, they can be useful, if you understand them. Jean-Paul Nerriére could see that "*if we can make the limitations exactly the same, it will be as if there are no limitations at all*". He decided to record a limited set of words and language that he observed in most non-English speakers. He then suggested that people from various mother tongues can communicate better if they use these carefully chosen limitations. Globish is that "common ground."

A ideia do Globish originou-se desta observação: as limitações nem sempre são um problema. De fato, podem ser úteis, se forem compreendidas. Jean Paul Nerriére foi capaz de perceber que "*se pudéssemos igualar as limitações, seria como se não houvesse limitação alguma*". Ele decidiu registrar um grupo limitado de palavras e expressões que observou na maioria dos falantes não-nativos. Ele então sugeriu que pessoas de línguas maternas diversas poderiam se comunicar melhor se utilizassem essas limitações cuidadosamente escolhidas. O Globish é essa "base comum".

Nearly - Identical Limitations Worldwide
Limitações quase idênticas ao redor do mundo

- Chinglish / chinglês
- espanglês / Spanglish
- Various "Pidgin Englishes" / Diversas variedades de "inglês mesclado"

Globish

Globish Combines Limitations
Globish reúne as limitações

This theory of limitations is not as strange as it might seem at first. Most human activities have some limitations.

The World Cup is one of the most-watched competitions in the world, because its set of "limitations" makes it a great game for everyone. In this game of foot-ball, players must use their feet most of the time to controle the ball, so tall people and people with big arms do not always win. Some people say it is dancing with the ball; the limitations make it beautiful.

Ballet, of course, has limitations too; it is what you say with your body. And people of every language enjoy both of these. The beauty happens when the limitations are the same. Globish is about having the same limitations, so there is no limit to what can be communicated between people speaking or writing or reading Globish.

We hope the dancers will not start singing in ballets. But what happens when you can use your hands in "foot-ball?" Then – mostly in the English-speaking cultures – we see their American football and Rugby football. These do not have the limitations of playing only with their feet. Not as many people in the world can sit together and enjoy watching. It is not something they all can share, all knowing the same limitations.

Esta teoria das limitações não é tão estranha quanto pode parecer a princípio. A maioria das atividades humanas tem algumas limitações.

A Copa do Mundo é uma das competições mais vistas no mundo porque seu conjunto de "limitações" a transforma em um jogo excelente para todos. Neste jogo de futebol, os jogadores têm de usar os pés a maior parte do tempo para controlar a bola, de modo que as pessoas altas ou com braços grandes nem sempre vencem. Algumas pessoas dizem que jogar futebol é como dançar com a bola; são as limitações que tornam o jogo maravilhoso.

O balé, é claro, também tem limitações; é o que se expressa com o corpo. E pessoas de todas as línguas apreciam ambos. A beleza aparece quando as limitações são as mesmas. O Globish consiste em ter as mesmas limitações, então não há limites para aquilo que pode ser comunicado entre as pessoas que falam, escrevem ou leem Globish.

Esperamos que os bailarinos não comecem a cantar nos balés. Mas o que acontece quando se permite o uso das mãos no futebol? Neste caso – principalmente nas culturas de fala inglesa –, vemos o futebol americano e o rugby. Estes não têm as limitações de se jogar apenas com os pés. Nem tantas pessoas no mundo podem sentar-se juntas e apreciar os jogos. Não é algo que todos possam compartilhar, conhecendo as mesmas limitações.

The limitations of Globish also make it easier to learn, easier to find a word to use. Native English speakers seem to have too many words that say the same thing and too many ways to say it.	As limitações do Globish também o tornam mais fácil de aprender, tornam mais fácil encontrar uma palavra para usar. Os falantes nativos parecem ter palavras demais que dizem a mesma coisa, e excessivas maneiras de dizê-las.
So communication between non-native speakers can be much more effective when they are using Globish. And if non-native and native speakers use Globish between themselves, both of them will understand. Most people would think that native English speakers could know how to speak Globish in one second. But that is not true. Native English speakers who use too many words in too many ways are, in fact, missing a huge opportunity to communicate with the world.	Desse modo, a comunicação entre falantes não-nativos pode ser muito mais eficaz quando estão usando o Globish. E se falantes não-nativos e nativos usam o Globish entre si, ambos compreenderão. A maioria das pessoas suporia que os falantes nativos podem saber como falar Globish em um segundo. Mas isto não é verdade. Os falantes nativos que usam palavras demais de muitas maneiras estão, de fato, desperdiçando uma grande oportunidade de se comunicar com o mundo.
The British Council tells us (here in Globish):	O Conselho Britânico nos diz (aqui, em Globish):
"People have wondered for years whether English is so solid in international communication that even the rise of China could not move it from its high position. The answer is that there is already a new language, which was being spoken quietly while native-speakers of English were looking the other way. These native-speakers of English were too happy when they thought their language was the best of all. The new language that is pushing out	*"As pessoas têm indagado, há anos, se o inglês é tão sólido nas comunicações internacionais que nem mesmo o crescimento da China poderia removê-lo de sua elevada posição. A resposta é que já há uma nova língua, que estava sendo falada discretamente enquanto os falantes nativos do inglês olhavam para o outro lado. Estes falantes nativos estavam muito contentes pensando que sua língua era a melhor de todas. A nova língua que está superando o idioma*

the language of Shakespeare as the world's Lingua Franca is English itself – English in its new global form. As this book (English Next) shows, this is not English as we have known it, and have taught it in the past as a foreign language. It is a new happening, and if it represents any kind of winning, it will probably not be the cause of celebration by native English speakers."

The British Council continues (in our Globish):

"In organizations where English has become the business language, meetings sometimes go more smoothly when no native speakers are present. Globally, the same kind of thing may be happening, on a larger scale. This is not just because non-native speakers fear to talk to a native speaker. The change is that soon the problem may be that few native speakers will be accepted in the community of lingua franca users. The presence of native English speakers gets in the way of communication."

Strangely, many native English speakers still believe they can do all things better than non-native speakers just

de Shakespeare como a língua franca do mundo é o próprio inglês – o inglês em sua nova forma global. Como mostra este livro [English Next], este não é o inglês do modo que o conhecemos e que o ensinamos como língua estrangeira no passado. É um novo acontecimento, e, se representa algum tipo de vitória, provavelmente não será razão de comemoração por parte dos falantes nativos".

O Conselho Britânico prossegue (em nosso Globish):

"Em organizações nas quais o inglês se tornou o idioma dos negócios, as reuniões às vezes decorrem com maior facilidade quando não há falantes nativos presentes. Globalmente, o mesmo tipo de coisa pode estar acontecendo, porém numa escala maior. Isto ocorre não apenas pelo fato de que os falantes não-nativos receiam conversar com um falante nativo. A mudança é que, em breve, o problema poderá ser que poucos falantes nativos sejam aceitos na comunidade de usuários da língua franca. A presença de falantes nativos do inglês atrapalha a comunicação".

Estranhamente, muitos falantes nativos ainda pensam que podem fazer tudo melhor que os falantes não-nati-

because they speak better English. How long will it take for them to understand that they are wrong? They have a problem that *they are not able* to understand. They do not see that many non-native speakers simply cannot understand them. This does not mean the native speaker's English is bad. It means that their *communication* is bad; sometimes they do not even attempt to make their communication useful to everyone. Often they don't know how.

We want everyone to be able to speak to and understand everyone. There is a middle ground, but the native English speakers are not the ones drawing the borders. And because you may not be able to say this to a native speaker, who might not be able to understand – we will say it here.

To belong to the international community, a native English speaker must:

- **understand…** what is explained in this book,

- **accept…** that it is the fact of a new world which has many new powers that will be as strong as the English-speaking countries,

- decide **to change** with this new reality, in order to still be a member.

Whenever a native English speaker acts as if you are the stupid one, **please**

vos simplesmente por falar melhor o inglês. Quanto tempo levará para que percebam que estão errados? Eles têm um problema que *não são capazes* de entender. Não percebem que muitos falantes não-nativos simplesmente não conseguem compreendê-los. Isto não significa que o inglês do falante nativo seja ruim. Significa que sua *comunicação* é ruim; às vezes, nem sequer tentam tornar sua comunicação proveitosa para todos. Com frequência, não sabem como fazer isso.

Queremos que todos sejam capazes de falar com todos e entender a todos. Há um terreno intermediário, mas não são os falantes nativos que estão delimitando as fronteiras. E, como você pode não conseguir dizer isso a um falante nativo, que talvez não seja capaz de entender – nós o diremos aqui.

Para pertencer à comunidade internacional, um falante nativo do inglês deve:

- **entender…** o que é explicado neste livro;

- **aceitar…** que este é o fato de um novo mundo, com muitos novos poderes, que será tão forte quanto os países de fala inglesa;

- decidir **mudar** com esta nova realidade, para continuar sendo um membro.

Sempre que um falante nativo agir como se você fosse o estúpido, **por favor, dê-**

give them this book. If they choose to take no notice of their problem, they will be left out of communication. They will be left out of activ-ities with others – worldwide – if they do not learn to "limit" the way they use their language. English speakers need to limit both spoken and written English for communication with non-native English speakers. In short, they too need to "learn" Globish. It is not an easy exercise, but it can be done. Some of this book will help them.

Globish has a special name

It is very important that the Globish name is *not* "English for the World" or even "Simple English." If its name were *any kind* of English, the native English speakers would say. "OK, we won. Now all you have to do is speak better English." Without the name Globish, they will not understand it is a special kind of English, and it is no longer "their" English. Most native English speakers who understand this should decide they like it. Hopefully they will say: "Now I understand that I am very lucky. Now my language will be changed a little for the rest of the world. Let me do my best, and they can do their best, and we will meet in the middle."

So *Globish* is a word that tells native English speakers – and non-native

lhe este livro. Se decidirem não reconhecer seu problema, serão excluídos das comunicações. Serão excluídos das atividades com outros – em todo o mundo – caso não aprendam a "limitar" a maneira como usam seu idioma. Os falantes do inglês precisam limitar tanto o inglês falado como o escrito para que possam se comunicar com falantes não-nativos. Em suma, eles também terão de "aprender" o Globish. Não é um exercício fácil, mas pode ser feito. Parte deste livro os ajudará.

O Globish tem um nome especial

É muito importante que o nome Globish **não** seja "Inglês para o mundo" ou mesmo "Inglês simples". Se seu nome fosse **qualquer tipo** de inglês, os falantes nativos diriam: "Certo, vencemos. Agora tudo o que você tem a fazer é falar um inglês melhor". Sem o nome Globish, os falantes nativos não compreenderão que se trata de um tipo especial de inglês, e que já não é mais o "seu" inglês. A maioria dos falantes nativos que entendem isto provavelmente decidiria que gosta desse fato. Esperamos que digam: "Agora entendo que tenho muita sorte. Minha língua será um pouco modificada para o restante do mundo. Farei o melhor que posso, e eles também poderão fazê-lo, e nos encontraremos na metade do caminho."

Assim, o termo "Globish" diz aos falantes nativos – e aos falantes não-nativos

speakers – that Globish has a different meaning. Globish is the global language, the language people everywhere can speak. Globish is a name to say that there are limits which everyone can learn. There is a clear set of things they need to learn. And when they learn them, they are done.

Language is equal on this Globish middle ground. No one has an edge. No one can be above anyone else because of language. This is the land where everybody can offer the best ideas with all of his or her professional and pessoal abilities. Globish will be a foreign language to everyone, without exception. It is not "broken English." It is another version of English to which no native English speaker was born.

We all come together here.

– que possui um significado diferente. O Globish é o idioma global, o idioma que as pessoas de todos os lugares podem falar. "Globish" é um nome para indicar que há limites que todos podem aprender. Há um claro conjunto de coisas que precisam aprender. E, quando tiverem aprendido, estarão prontos.

Nesse terreno intermediário do Globish, a língua é equiparada. Ninguém tem vantagens. Ninguém pode estar acima de ninguém por causa do idioma. Este é o lugar onde todos podem propor suas melhores ideias, com toda a sua habilidade pessoal e profissional. O Globish será um idioma estrangeiro para todos, sem exceções. Não é "inglês defeituoso". É uma outra versão do inglês com a qual nenhum falante nativo nasceu.

Todos nos reunimos aqui.

Chapter 8

Is Globish More Useful than English?

We talk a lot about international communication, but Globish is also important for *national* communication. In many countries, people speak several languages that are all important. Swiss people speak German, Italian, French or Romansh. Belgians speak French, German, Dutch or Flemish. The largest countries like India, and Russia, and China each have many local languages. Israelis speak Hebrew or Arabic. In many cases, all those people only know their own language. They cannot communicate together because they know only one language; their own. In some countries, even people who *can* speak another language try not to speak it. It is the language of a group they do not like.

In all those cases, Globish is the solution. It is much better defined than the "broken English" which is left over from sad school days. Already, in many of these countries, people try to communicate in English just because it is neutral. It is not the language of any one group. Globish is good for

Capítulo 8

O Globish é mais útil que o inglês?

Falamos muito sobre a comunicação internacional, mas o Globish também é importante para a comunicação *nacional*. Em muitos países, as pessoas falam várias línguas importantes. Os suíços falam alemão, italiano, francês ou romanche. Os belgas falam francês, alemão, holandês ou flamengo. Cada um dos países maiores, como a Índia, a Rússia e a China, têm muitas línguas locais. Os israelenses falam hebraico ou árabe. Em muitos casos, essas pessoas conhecem somente a sua própria língua. Não conseguem se intercomunicar, pois falam apenas uma língua; a sua própria. Em alguns países, até mesmo aqueles que *sabem* falar outro idioma tentam não fazer isso, por ser a língua de um grupo do qual não gostam.

Em todos esses casos, o Globish é a solução. Ele é muito mais definido que o "inglês defeituoso" remanescente de uma triste época escolar. Em muitos destes países, as pessoas já tentam se comunicar em inglês simplesmente por ser neutro. Não é o idioma do grupo de ninguém. O Globish é bom para essas

them because it offers a solution and is easy to learn.

For people who do not have the time or the money for a full English program, Globish is good. Its plain and simple English will work for them. With Globish they can learn what they need – but no more. They also like the idea of Globish because it is a solution for the person in the street. English, in most cases, is available for educated people, the upper class. In these countries with more than one language, the rich can travel, and the rich can send their children to study in English-speaking countries. The poorest people also need English, to get ahead in their nation and the world, but they do not have the same resources. Globish will allow the people inside nations to talk more, and do more business there and with the rest of the world. That is the result of Globish – more national talk and more global talk.

What makes Globish more inviting is that people can use it very soon. The learners quickly learn some Globish, then more, then most of what they need, and finally all of it. So, Fast Early Progress (FEP) and a Clear End Point (CEP) improve the student's wish to continue. The Return On Effort (ROE) is just as important as ROI (Return On Investment) is for

pessoas porque oferece uma solução e é fácil de aprender.

Para aqueles que não têm tempo ou dinheiro para um programa completo de inglês, o Globish é bom. Seu inglês claro e simples funcionará para eles. Com o Globish, podem aprender o que necessitam – e não mais que isso. Também gostam da ideia do Globish por ser uma solução para as pessoas comuns. O inglês, na maior parte dos casos, é acessível para as pessoas mais instruídas, a classe alta. Nesses países com mais de um idioma, os ricos podem viajar e enviar seus filhos para estudar em países de fala inglesa. As pessoas mais pobres também precisam do inglês para progredir em seu país e no mundo, mas não dispõem dos mesmos recursos. O Globish permitirá que as pessoas em cada país conversem mais e façam mais negócios, ali dentro e com o resto do mundo. Esse é o resultado do Globish – mais comunicação nacional e mais comunicação global.

O que torna o Globish mais atraente é que as pessoas podem usá-lo logo. Os estudantes rapidamente aprendem um pouco de Globish; em seguida, um pouco mais; depois, a maior parte do que precisam, e, por fim, tudo. Desse modo, o "Progresso inicial rápido" (*Fast Early Progress* – FEP) e o "Limite final claro" (*Clear End Point* – CEP) aumentam a vontade de prosseguir no estudante. Para este, a "Recompensa pelo esforço" (*Return On Effort* – ROE) é tão importante quanto o "Retorno do investimento" (*Return On Investment* – ROI) é im-

a business person. In fact, they are very much alike.

portante para uma pessoa de negócios. De fato, eles são muito parecidos.

globish

Progresso inicial rápido	Ponto de chegada claro	Recompensa pelo esforço dedicado
Fast Early Progress (FEP)	**+ Clear End Point (CEP) =**	**Return On Effort (ROE)**
Build on English you have, Globish doesn't need all the kitchen tools, English measures, cultural ideas, or perfect Oxford Pronuncuation.	"Enough English" means you can do the most business, travel in the most countries, and talk to the most people, and write to the most people.	From "English"- each 5% "better" English requires another year of study. All people don't have the time or the money to be more perfect.
O Globish toma como base o inglês que você já conhece. O Globish não exige todos os utensílios de cozinha, as unidades de medida inglesas, as ideias culturais ou a pronúncia perfeita de Oxford.	"Inglês suficiente" significa que você poderá realizar a maior parte dos negócios, viajar pela maioria dos países, falar com a maior parte da pessoas e escrever para elas.	A partir do inglês "suficiente", cada 5% de progresso representam mais um ano de estudo. Nem todos têm tempo ou dinheiro para ser mais perfeitos.

An investor wants to see a valuable return, and a pathway to get there, and a defined end point. In this case, however, every person can be an investor in his or her own future.

Um investidor deseja um lucro expressivo, e uma maneira de alcançá-lo, e um ponto final definido. Neste caso, contudo, cada pessoa pode ser um investidor em seu próprio futuro.

The average person in the street has valuable skills or ideas that are not being used. If they cannot operate in all of their nation or all of the world, then those skills or ideas have much less value. So we are all investors.

There are several ways to learn Globish. Some learners know about 350 to 500 common words in English and can read and say them. Learning Globish can take these people about 6 months if they study for an hour every day, including practice writing and speaking. In six months, with more than 120 days of learning, they can learn just 10 words a day. That should not be too hard.

There may not be a class in Globish near you. However, if you know the limitations given in this book, you can direct a local English teacher to give you only those Globish words and only those Globish sentence structures. *You are the customer*, and you can find English teachers who will do what you ask them to. They do not have to be native-English speakers for you to learn.

Another good thing about this method is that you can start Globish where your last English stopped. If you start Globish knowing 1000 of the most-used English words, then it may take you only 3 *months* to master Globish. That is one of the best things about learning Globish. You know how

A pessoa comum possui habilidades ou ideias valiosas que não estão sendo utilizadas. Se elas não puderem ser postas em prática em todo o seu país ou em todo o mundo, então tais habilidades e ideias têm muito menos valor. Portanto, somos todos investidores.

Há muitas maneiras de aprender o Globish. Alguns estudantes conhecem cerca de 350 a 500 palavras comuns do inglês e são capazes de lê-las e dizê-las. Aprender o Globish pode lhes demandar aproximadamente 6 meses, caso estudem só uma hora por dia, incluindo a prática da escrita e da conversação. Em seis meses, com mais de 120 dias de aprendizado, podem aprender apenas 10 palavras por dia. Isso não deve ser muito difícil.

Pode ser que não exista um curso do Globish perto de você. No entanto, se você conhecer as limitações apresentadas neste livro, pode solicitar a um professor local de inglês que lhe ensine apenas as palavras e estruturas frasais do Globish. *Você é o cliente*, e pode encontrar professores de inglês que façam o que você lhes pedir. Eles não precisam ser falantes nativos do inglês para que você aprenda.

Outra coisa boa deste método é que você pode começar a aprender Globish no ponto em que havia parado no aprendizado do inglês. Se começar a aprender o Globish conhecendo 1.000 das palavras inglesas mais usadas, então pode demorar apenas 3 *meses* para dominar o Globish. Esta é uma das melhores coisas no aprendizado do Globish. Você sabe

much to do because you know where it will end.

There are Globish learning materials available. This book – in Globish – has the 1500 words and some other things you need to know. There are a number of materials on Globish already written in local languages or in Globish. There are also computer-based courses, and even a Globish course on a cell phone, the most widely available tool in the world. A lot of written and audio Globish can now be in your pocket or bag.

We should say a few words about pronunciation here. A good teacher can explain how to make clear English sounds. Most teachers will also have audio for you to practice with those sounds. There is a lot of recorded material for learners to practice with. A lot of it is free on the radio, or the World Wide Web. And all of this audio is usually available with the most perfect English accent you can dream of. It can be the Queen's accent. It can be President Obama's accent. It can be whatever you want. Learners should hear different kinds of accents.

You have read here already that a perfect pronunciation is not needed, but only an understandable one, and that is plenty. You must believe this. After all, what is a *perfect accent*? London? Glasgow? Melbourne? Dallas? To-

quanto precisará estudar porque sabe em que ponto terminará.

Há materiais disponíveis para o aprendizado do Globish. Este livro – em Globish – tem as 1.500 palavras e algumas outras coisas que você precisa saber. Há numerosos materiais sobre o Globish já escritos em idiomas locais ou em Globish. Há também cursos digitais, e até um curso de Globish por telefone celular, a ferramenta mais amplamente acessível no mundo. Hoje você pode ter uma grande quantidade de textos e áudios de Globish em seu bolso ou em sua bolsa.

Devemos falar um pouco sobre a pronúncia. Um bom professor pode explicar como proferir claramente os sons da língua inglesa. A maioria dos professores também terá gravações de áudio para que você possa praticar esses sons. Há muito material gravado para os estudantes praticarem. Grande parte dele é oferecido gratuitamente via rádio ou na Internet. E todo este áudio está geralmente disponível com o mais perfeito sotaque inglês que se possa imaginar. Pode ser o sotaque da rainha. Pode ser o sotaque do Presidente Obama. Pode ser o que você quiser. Os estudantes deveriam ouvir diferentes tipos de sotaques.

Você já leu aqui que não é necessário ter uma pronúncia perfeita, mas apenas uma pronúncia compreensível, e isso é o suficiente. Você tem de acreditar nisto. Afinal, o que é um *sotaque perfeito*? O de Londres? De Glasgow? De Melbourne?

ronto? Hollywood? Hong Kong? They all think they are perfect! Still, it is widely accepted that only native English speakers can really teach English, and that the teachers with another background should feel like second-class citizens. But this world is changing... quickly.

Before this century, any native English speaker in any non-English-speaking city could sound like he or she knew much more about English, just by pronouncing English quickly and correctly. Non-native English teachers were sometimes worried that they were not well-qualified. They worried that people would discover their English was not perfect. There is good news now. Those days are gone. The old ideas might have been correct about English teaching in the year 1900, but not now. This is a new century. And Globish is the new language in town.

If you are such a teacher of English, things will change for you... all to the better.

If you are such a teacher: welcome to a world that really wants what you can do.

De Dallas? De Toronto? De Hollywood? De Hong Kong? Todos pensam que são perfeitos! Ainda assim, é amplamente aceito que somente os falantes nativos podem realmente ensinar inglês, e que os professores com outra proveniência deveriam se sentir como cidadãos de segunda classe. Mas este mundo está mudando... rapidamente.

Antes deste século, qualquer falante nativo, em qualquer cidade que não fosse de fala inglesa, podia parecer saber muito sobre o inglês, simplesmente por pronunciá-lo rápida e corretamente. Os professores não-nativos de inglês às vezes tinham a preocupação de que não fossem bem qualificados. Receavam que as pessoas descobrissem que seu inglês não era perfeito. Agora, há boas notícias. Esses dias terminaram. As velhas ideias sobre o ensino do inglês podiam ser corretas no ano de 1900, mas não hoje. Este é um novo século. E o Globish é o novo idioma do momento.

Se você é esse tipo de professor de inglês, as coisas mudarão para você... para melhor

Se você é esse tipo de professor: bem-vindo a um mundo que realmente quer o que você pode fazer.

Chapter 9

A Tool and…
A Mindset

Globish can achieve what it does because it is useful English *without* a huge number of words and cultural idioms. If Globish speakers can use just this middle level of English, they will be respected everywhere in the world. But the most important difference between English and Globish is how we think when we use Globish.

Who is responsible for effective communication? Is it the speaker and writer, or the listener and reader? The listener and reader cannot make communication good if the speaker or writer does not help. Who is guilty if the message does not get across? Who should do everything possible to make sure he or she is understood?

In English, the usual native speaker would answer: "Not me. I was born with English as a mother tongue, and I started listening to it – and learning it – in my mother's arms. If you do not understand me, it is your problem. My English is perfect. When yours gets better, you will not have the same difficul-

Capítulo 9

Uma ferramenta e…
um modo de pensar

O Globish é capaz de fazer o que faz porque é um inglês útil *sem* um grande número de palavras e expressões idiomáticas culturais. Se os falantes do Globish puderem usar somente este nível médio de inglês, serão respeitados em todas as partes do mundo. Mas a diferença mais importante entre o inglês e o Globish é o modo como pensamos quando usamos o Globish.

Quem é responsável pela eficácia da comunicação? O falante e o escritor, ou o ouvinte e o leitor? O ouvinte e o leitor não estabelecerão uma boa comunicação se o falante ou o escritor não ajudarem. Quem é o culpado se a mensagem não for trasmitida? Quem deveria fazer todo o possível para ter certeza de ser entendido?

Em inglês, o falante nativo usual responderia: "Não sou eu. Eu nasci tendo o inglês como língua materna e comecei a ouvi-lo – e aprendê-lo – nos braços de minha mãe. Se você não me entende, o problema é seu. Meu inglês é perfeito. Quando você melhorar o seu, não terá essa dificuldade. Se você não tem dedi-

ty. If you lack the drive to learn it, this is your problem, and not mine. English is the most important language. I am not responsible for that, but there is nothing I can do to make it different."

Globish is the complete opposite: the person who wants to talk must come at least half the distance to the person he talks to. He or she must decide what is necessary to make the communication happen. The native English speaker or the excellent speaker of English as a second language must say: "Today I must speak at the Globish level so this other person can understand me. If my listeners do not understand me, it is because I am not using the Globish tool very well. This is my responsibility, not theirs." Of course, not everyone accepts the idea of Globish yet. Perhaps they never heard about it. Perhaps they could never find the time to learn about it. Or perhaps they did not think they needed it.

Even if there are just two people, if this communication is important, Globish will help. This means you – the speaker – will take responsibility, using simple Globish words in a simple way, and using Globish "best practices" including body language and charts or pictures we can see. Most of all, when using Globish, the speaker should wait for the listeners, to check they understand.

cação para aprendê-lo, é um problema seu, e não meu. O inglês é o idioma mais importante. Eu não sou responsável por isso, e não há nada que eu possa fazer para que seja diferente".

O Globish é o total oposto: a pessoa que deseja falar tem de percorrer ao menos a metade da distância até a pessoa com quem fala. Deverá decidir o que é necessário para que a comunicação aconteça. O falante nativo ou o falante excelente do inglês como segunda língua têm de dizer: "Hoje tenho de falar no nível do Globish para que essa outra pessoa consiga me entender. Se meus ouvintes não me entendem, é porque não estou utilizando muito bem a ferramenta Globish. A responsabilidade é minha, não deles". Evidentemente, nem todos aceitam ainda a ideia do Globish. Talvez nunca tenham ouvido falar dela. Talvez nunca tenham tido tempo para aprender sobre ela. Ou talvez não tenham pensado que precisassem dela.

Mesmo quando há apenas duas pessoas, se essa comunicação for importante, o Globish ajudará. Isso significa que você – o falante – assumirá a responsabilidade, usando as palavras simples do Globish de uma maneira simples, e usando as "boas práticas" do Globish, incluindo a linguagem corporal e gráficos ou imagens que possamos ver. Acima de tudo, ao utilizar o Globish, o falante deve esperar os ouvintes, para verificar se estão entendendo.

If there is a group of people, maybe only one does not speak Globish. The speaker can think: "This person is the only one in the group who can not understand or communicate in Globish. That is too bad. I will ask one of the others to help that one by explaining what was said in this discussion."

So sometimes we decide it is better to communicate with those who understand, and let them tell any others. This means it is good to stop now and then, so the other persons can learn what was said. The English speakers will understand anyway, and the below-Globish level will not at all, but you must work with the identified Globish group until you succeed. If you do not communicate with those, the failure will be yours.

On the other hand, there will be times when you are with native English speakers who do not know about the Globish guidelines, never heard of them, or just don't want to hear about it. But it is up to you to bring the discussion to the correct level. This is in your best interest, but it is also your duty, because many of the members of this group may already be lost in this discussion.

You must now be their Globish leader. They will be more than thankful to you for bringing the matter into the

Se houver um grupo de pessoas, talvez apenas uma delas não fale Globish. O falante pode pensar: "Esta pessoa é a única do grupo que não entende ou se comunica em Globish. Isto é muito ruim. Pedirei a uma das outras pessoas que a ajude, explicando-lhe o que foi dito nessa discussão".

Assim, às vezes, decidimos que é melhor nos comunicarmos com aqueles que entendem, e deixar que eles repassem aos demais. Isso significa que é bom parar de vez em quando, para que as outras pessoas possam tomar conhecimento do que foi dito. Os falantes do inglês entenderão de qualquer maneira, e aqueles que estiverem abaixo do nível do Globish não conseguirão entender, mas você deve se concentrar em comunicar-se com o grupo identificado como conhecedor do Globish até que tenha êxito. Se você não se comunicar com eles, a falha será sua.

Por outro lado, algumas vezes você estará com falantes nativos que não conhecem as diretrizes do Globish, que nunca ouviram falar delas, ou que simplesmente não querem ouvir falar delas. Mas depende de você trazer o debate ao nível correto. Isto é para o seu próprio benefício, mas é também seu dever, pois muitos dos membros desse grupo podem já estar perdidos nessa discussão

Neste momento, você deve ser seu líder Globish. Eles ficarão mais que agradecidos a você por trazer à tona o assunto

open without fear. It is easy. Many English speakers forget about others or just do not think about them. You just have to raise a hand, wave it until you are noticed, and say: "Excuse me, I am sorry but some of us do not understand what you are saying. We need to understand you. Could you please repeat, in Globish please, this time?"

To be sure, you will have a reaction, and your native-speaker friend might understand the point for the rest of his or her life. You will have done a great service. But the first reaction is most likely going to be a surprise: "Globish, what's that?" It will give you a fine opportunity to explain the story you now understand, and give its reasons. At best you will have an interested native speaker, who wants to know more, will understand your explanation, and will become a much better global communicator, and a Globish friend. That person will see that Globish is often better than English because it is much more sympathetic.

As we said, pronunciations are "acceptable" as soon as they are understood. A foreign accent is never a mistake; it is part of a person's special quality. It makes you different, and can even make you sound sexy. People who have reasonable Globish pronunciation can now stop trying to make it "better" – or to get closer to some native English speaker's – if they are understood.

sem receio. É fácil. Muitos falantes do inglês se esquecem dos demais ou simplesmente não pensam neles. Você apenas tem de levantar a mão, acenar até ser notado e dizer: "Desculpe-me, mas alguns de nós não entendem o que você está dizendo. Precisamos entendê-lo. Por favor, você poderia repetir, desta vez em Globish?".

Com certeza você conseguirá uma reação, e pode ser que seu amigo falante nativo tenha entendido a questão para o resto de sua vida. Você terá prestado um grande serviço. Mas é mais provável que a primeira reação seja de surpresa: "Globish, o que é isso?". Isto lhe ofecerá uma boa oportunidade para explicar a história que agora você compreende e apresentar suas razões. No melhor dos casos, terá um falante nativo interessado, que irá querer saber mais, entenderá sua explicação e se tornará um comunicador global melhor, e um amigo no Globish. Essa pessoa perceberá que o Globish muitas vezes é melhor que o inglês, porque é muito mais amigável.

Como dissemos, as pronúncias são "aceitáveis" desde que sejam compreensíveis. Um sotaque estrangeiro nunca é um erro; ele faz parte da qualidade especial de uma pessoa. Ele a torna diferente e pode até soar sexy. As pessoas que têm uma pronúncia Globish razoável, caso estejam sendo compreendidas, agora podem parar de tentar "melhorá-la" – ou aproximá-la da pronúncia de algum falante nativo.

We said Globish is still correct English. This means you are expected to write and speak in correct English. The grammar should be reasonable – about subjects and actions, time and place. Globish does not worry about very small differences in American and British speech or spelling or grammar. (And neither should anyone else.)

Globish is much more forgiving because it is asking for understanding, not perfect English. But there is an extra benefit in Globish to all native and non-native speakers: simplicity. It is what older politicians tell younger politicians about their first speeches. It is what older advertising people tell the bright younger ones about making a successful advertisement. It is what news editors tell their young writers about making a good news story. And it is what every English speaking professor should tell every non-native English student about writing and speaking.

On one side of the ocean, Winston Churchill said: "Never use a pound (£) word when a penny (1d) one will do"....

And a similar saying known to Americans:

K. I. S. S. = Keep It Simple, Stupid.

Dissemos que o Globish é um inglês correto. Isto significa que se espera que você possa escrever e falar um inglês correto. A gramática deve ser razoável – quanto ao assunto e às ações, ao tempo e ao lugar. O Globish não se preocupa com as diferenças muito pequenas entre a fala, a ortografia ou a gramática norte-americanas e britânicas. (E isso também não deveria preocupar a ninguém mais).

O Globish é muito mais condescendente porque pede compreensão, não um inglês perfeito. Mas o Globish tem um benefício extra para todos os falantes nativos e não-nativos: a simplicidade. É o que os políticos mais velhos dizem aos políticos mais jovens sobre seus primeiros discursos. É o que os publicitários mais velhos dizem aos jovens publicitários brilhantes sobre como criar anúncios bem-sucedidos. É o que os editores de notícias dizem aos jovens redatores sobre a composição de uma boa matéria. E é o que todo professor falante do inglês deveria dizer a todo estudante não-nativo sobre a escrita e a conversação.

De um lado do oceano, Winston Churchill disse: "Nunca use uma palavra de uma libra quando puder usar uma palavra de um centavo".

E um dito similar, conhecido entre os norte-americanos:

K. I. S. S. = *Keep It Simple, Stupid*, ou, traduzindo, "mantenha as coisas simples, seu estúpido".

Necessidade mundial de inglês "suficiente"

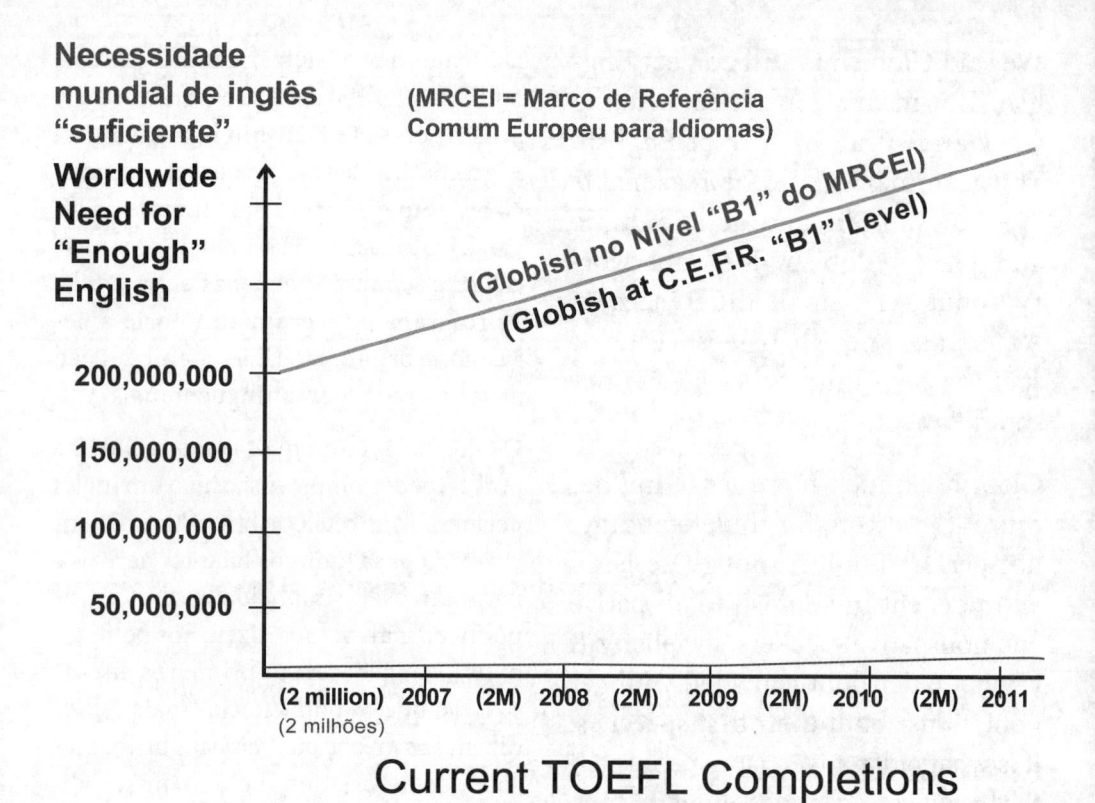

Worldwide Need for "Enough" English

(MRCEI = Marco de Referência Comum Europeu para Idiomas)

(Globish no Nível "B1" do MRCEI)
(Globish at C.E.F.R. "B1" Level)

200,000,000

150,000,000

100,000,000

50,000,000

(2 million) 2007 (2M) 2008 (2M) 2009 (2M) 2010 (2M) 2011
(2 milhões)

Current TOEFL Completions
Exames TOEFL concluídos

Chapter 10

Globish in Many Places

Globish has no desire to be a cultural language like French, or Chinese...or English. People who will use Globish already have their own respected culture and their own language. They will use Globish only as a tool, but it will be the chosen tool of a huge majority of people around the world. When they see ahead to this future many non-native English speakers will decide this is still English. And it is really a form of English, a clear form of that language. They may fear that English is winning over everything they love. They may see this as a threat to their own mother tongue and their culture. So they might decide that they have to fight for the survival of their French, Japanese, Russian or Tagalog – their home and beloved language. Each of them is a respected cultural language for many people.

This threat could be true IF we were advising you to learn English. That would be helping English compete with other cultural languages. A few cultures have already taken extreme

Capítulo 10

O Globish em muitos lugares

O Globish não tem a intenção de ser uma língua cultural como o francês, o chinês ou... o inglês. As pessoas que usam o Globish já possuem sua própria cultura respeitada e sua própria língua. Elas usarão o Globish apenas como uma ferramenta, mas será a ferramenta escolhida pela grande maioria das pessoas ao redor do mundo. Ao olhar para esse futuro, muitos falantes não-nativos decidirão que isso continua sendo inglês. E realmente é uma forma de inglês, uma forma clara desse idioma. Talvez temam que o inglês triunfe sobre tudo aquilo que amam. Pode ser que o vejam como uma ameaça à sua língua materna e à sua cultura. Por conseguinte, pode ser que decidam lutar pela sobrevivência de seu francês, japonês, russo ou tagalo – o estimado idioma de seu lar. Cada um deles é um respeitado idioma cultural para muitas pessoas.

Esta ameaça poderia ser real SE estivéssemos lhe aconselhando a aprender inglês. Isso ajudaria o inglês a competir com outros idiomas culturais. Algumas culturas já adotaram medidas extremas

steps because they fear that the English culture will replace their own. They feel it brings poor values and takes away the strength of their own culture.

However, advising you to learn Globish does the opposite. Globish cannot have any cultural goals, so it does not threaten anyone's language or anyone's culture. It replaces the English competition. Using only Globish could keep all these wonderful cultures *safer* from the English cultural invasion.

Globish can also protect the English language from being "broken" by other cultures. English is a very special case today. In fact, the non-native English speakers who use English are far more numerous than native English speakers. So the non-native speakers will decide and lead in the future of the English language. They will create and present new words, and will throw away the old words. This will happen unless the Globish idea becomes an accepted tool. If this happens, it will give the English language a chance to survive as a cultural language.

Globish offers the English-speaking countries a chance to say: We have a wonderful language, linked to a wonderful culture, and we would like to save all of that. However, we accept that international communication today is mostly using our language. But we can divide the language in two parts. One

por recear que a cultura inglesa tomasse o lugar da sua própria. Consideram que isso ofereceria poucas vantagens e eliminaria a força de sua própria cultura.

Todavia, aconselhá-lo a aprender Globish faz o oposto. O Globish não pode ter quaisquer objetivos culturais; portanto, não ameaça o idioma ou a cultura de ninguém. Ele toma o lugar da competição do inglês. O uso exclusivo do Globish é capaz de manter todas essas maravilhosas culturas *mais protegidas* contra a invasão da cultura inglesa.

O Globish pode também proteger o idioma inglês de ser tornado "defeituoso" por outras culturas. O inglês é hoje um caso muito especial. De fato, os falantes não-nativos que usam o inglês são muito mais numerosos que os falantes nativos. Assim, os falantes não-nativos decidirão e guiarão o futuro do idioma inglês. Eles criarão e apresentarão novas palavras e eliminarão as palavras antigas. Isto acontecerá, a menos que a ideia do Globish se torne uma ferramenta aceita. Se isso acontecer, dará à língua inglesa uma oportunidade de sobreviver como um idioma cultural.

O Globish oferece aos países de fala inglesa a oportunidade de dizer: "temos uma língua maravilhosa, vinculada a uma cultura maravilhosa, e gostaríamos de manter tudo isso". No entanto, aceitamos que a comunicação internacional hoje está utilizando primordialmente o nosso idioma. Mas podemos dividir o idioma

form will be for English culture that is ours, and one form will be for global communication, trade, and traveling (and this is Globish, with exact rules.) We will attempt to use this second form – Globish – whenever we are in those other worlds which are not part of the English culture (s). And we are the lucky ones…Learning Globish for us will be much easier than learning a new language for each place.

em duas partes. Uma de suas formas é a da cultura inglesa, que é a nossa cultura, e a outra forma é a da comunicação global, das relações comerciais e das viagens (e isso é o Globish, com regras precisas). Tentaremos usar esta segunda forma – o Globish – sempre que estivermos naqueles outros mundos que não fazem parte da cultura inglesa. E nós somos os afortunados… Para nós, aprender Globish será muito mais fácil que aprender um novo idioma para cada lugar.

Native Speaker English
Falante nativo do inglês
Full Globish Usage
Uso completo do Globish

20%   20%   20%   20%   20%

(Relative Daily English Needs)
Necessidades diárias relativas do inglês

If you are delivering a speech in front of a large international audience, you have to deal with many different levels of English. You might think they are like one person, but each individual has different abilities.

Quando você estiver proferindo um discurso perante uma grande audiência internacional, terá de lidar com muitos níveis diferentes de inglês. Você pode pensar que é como se fosse uma única pessoa, mas cada indivíduo tem diferentes habilidades.

On top of that, someone will be recording you, and your performance will be available in many ways, including on the TV and on the Internet

Além disso, alguém poderá estar gravando sua fala, e seu desempenho estará disponível sob diversas formas, inclusive na televisão, na Internet ou

and on DVDs. You need to be understood quickly by the largest possible number. You might think that excellent speakers of two languages are the answer. Interpreters give second-by-second changes to the audience in their languages. But even that method is much better with Globish than with English. The Globish limitations and especially its simpler sentences, shorter and lighter, all ensure better correctness when the speech is changed to another language.

Ask any interpreter: Their worst experience is the long, involved sentences where they get lost. This person needs to listen to all of the words to get the meaning, and if the talk is too long, he or she has lost the beginning when the end finally comes. But those kinds of statements-within-statements are mistakes in Globish.

The other horrible experience of the interpreters is seeing words used differently in a field or subject that they don't know. In English there is the word "program", and it means very different things on the TV and on the computer. The interpreter who does not know the field completely will make too many mistakes. On the other hand, if you are talking in Globish, many people in the audience will choose to listen directly to you. The simplest solution is to say things in Globish. You can then use special "technical words" – along

em DVDs. Você tem de ser entendido rapidamente pelo maior número de pessoas possível. Você poderia supor que falantes excelentes de dois idiomas são a solução. Os intérpretes, a cada segundo, fornecem à audiência traduções em seus idiomas. Mas até esse método é muito melhor com Globish do que com o inglês. As limitações do Globish e, especialmente, suas frases mais simples, mais curtas e claras asseguram maior correção quando o discurso é traduzido para outro idioma.

Pergunte a qualquer intérprete: sua pior experiência são as frases longas e complicadas, nas quais ele se perde. Essa pessoa precisa ouvir todas as palavras para apreender o significado e, se a fala for muito longa, o intérprete terá perdido o início quando finalmente chegar ao fim. Mas esses tipos de enunciados dentro de outros enunciados são um erro em Globish.

A outra experiência terrível dos intérpretes é ver as palavras usadas de maneira diferente em uma área ou tema que não conhecem. Em inglês, há a palavra "programa", que significa coisas diferentes na televisão ou no computador. O intérprete que não conhece completamente a área cometerá demasiados erros. Por outro lado, se você estiver falando em Globish, muitas pessoas da audiência escolherão escutar você diretamente. A solução mais simples é dizer as coisas em Globish. Você pode então usar "palavras técnicas" especiais – junto com

with pictures to support them – in a way that people in the industry will quickly understand.

It is very difficult to use Globish guidelines while you are creating your words right there in front of people. But once you are familiar with the idea, practice makes it easier within a short time. The safest way, however, is to give a speech from a written text, and go over that text with Globish software. It will improve the "hit rate" of the speech (a technical term for the percent of people who listen and do understand). Usually it is at least three times better, and ten times with some listeners who are not native English speakers.

A good example is the excellent video tape to the Iranian people by President Obama in 2009. It was in Globish-like language and it could be understood by much of the world without translation. They also listened to Obama's same words in Jerusalem and Ramallah, in Istanbul and in Seoul. In too many other cases, however, major international speeches are made at a level of English that is too difficult for non-native speakers. Of course those international speakers think they did their job. They are wrong. Their job was to be understood by all their listeners.

If you are a native English speaker, you could argue that things are very differ-

imagens para apoiá-las –, de maneira que as pessoas no setor possam entender rapidamente.

É muito difícil usar as diretrizes do Globish quando você está criando sua fala bem ali diante das pessoas. Mas, uma vez que esteja familiarizado com a ideia, a prática tornará isso mais fácil num curto período de tempo. Entretanto, a maneira mais segura de proceder é proferir um discurso com base em um texto escrito, e revisar esse texto com o software de Globish. Isso aumentará o "índice de sucesso" do discurso (termo técnico que indica a percentagem de pessoas que ouvem e entendem). Usualmente, esse índice chega a ser pelo menos três vezes melhor, e até dez vezes melhor, no caso de alguns ouvintes que não são falantes nativos.

Um bom exemplo é o excelente vídeo do presidente Obama dirigido ao povo iraniano em 2009. O vídeo foi elaborado em linguagem semelhante ao Globish, e poderia ser entendido por grande parte do mundo sem necessidade de tradução. Também foram ouvidas as mesmas palavras de Obama em Jerusalém e Ramalá, em Istambul e em Seul. Em muitos outros casos, porém, importantes discursos internacionais são apresentados em um nível de inglês excessivamente difícil para falantes não-nativos. Naturalmente, esses oradores internacionais pensam ter cumprido sua tarefa. Estão equivocados. Seu trabalho era ser em compreendidos por seus ouvintes.

Se você é um falante nativo, poderá argumentar que as coisas são muito dife-

ent when you write. You know who you are writing to, and you know that his or her English is very good. Perhaps you write to that person with difficult words to show your ability with the language. But this could be another huge mistake. Very often good ideas are passed on "as is" to others. You should know that whatever you write today is not written just for the person you send it to. It is always written for the whole wide world. And for this reason, it should be in Globish. If it is forwarded through the Internet it can go around the world 4000 times before you finish your next call. The problem is, if they don't understand it, they will still try to pick up a few words and tell that to their friends. And then what you didn't say well they will say even more poorly in 5000 other languages. The good news is that now you can talk to the whole world at the speed of light. But the really bad news is that no one will ever tell you they don't understand. They would be ashamed to show their limitations, so they will all say back to you: "Oh yes, it was very interesting."

You could be working for a global company, with shares owned by people from 123 different countries. They speak almost as many languages. Look closely at your yearly report, and at all the papers sent to shareholders. It is probably written in wonderful English which non-native English speakers

rentes quando se escreve. Você sabe a quem está escrevendo, e sabe que seu inglês é muito bom. Talvez você escreva para essa pessoa usando palavras difíceis para mostrar sua habilidade com a língua. Mas isto pode ser outro grande erro. Frequentemente, as boas ideias são transmitidas aos outros "como são". Você deveria saber que aquilo que escreve hoje não está escrito apenas para a pessoa a quem remeteu. Está sempre escrito para o mundo todo. E, por esta razão, deveria estar em Globish. Se for reenviado via Internet, pode percorrer o mundo 4.000 vezes antes que você termine seu próximo telefonema. O problema é que, se não compreenderem, ainda assim tentarão apanhar algumas palavras e contar a seus amigos. E, então, aquilo que você não expressou bem será dito de modo ainda pior em outros 5.000 idiomas. A boa notícia é que, agora, você pode se comunicar com todo o mundo à velocidade da luz. Mas a notícia realmente ruim é que ninguém nunca lhe dirá que não entendeu. Terão vergonha de mostrar suas limitações, então lhe dirão: "Ah, sim, muito interessante".

Você poderia estar trabalhando para uma empresa global, com acionistas de 123 países diferentes. Eles falam quase o mesmo número de idiomas distintos. Examinam minuciosamente o seu relatório anual e todos os informes enviados aos acionistas. Tais documentos provavelmente estariam escritos em um inglês maravilhoso, que os falantes

from the 117 non-English speaking countries can almost understand. Or is it written in Globish, using exactly the same numbers and saying exactly the same things, but understandable by many more of those shareholders?

If you work in a government agency in an English speaking country, look at the papers and forms for the citizens. Many people – who are new to the country and to your language – will have to fill in those forms. They should reach the Globish level soon, and that may be fairly easy. But then, they should get papers written only in Globish, which are understandable *both* by these new ones *and* by all the English-speaking citizens. It would cost much less than printing every paper and form in many different languages. And new people could perform better and more quickly in the economy if they could read the language. Globish can fill this need, but that nation must make this standard, and demonstrate it in all its important papers.

There will always be a few of the new people who cannot yet operate in Globish, even to read simple writing. They may still need to see something in their languages. From normal English the usual solution would be many translators, one for each language. Their work might be excellent, but it would take a lot of time and a lot of money.

não-nativos dos 117 países de fala não-inglesa quase conseguem entender. Ou estariam escritos em Globish, usando exatamente os mesmos números e dizendo exatamente as mesmas coisas, mas de maneira compreensível para um número muito maior de acionistas?

Se você trabalha em uma agência do governo de um país de fala inglesa, observe os comunicados e formulários para os cidadãos. Muitas pessoas – novatas no país e no idioma – terão de preencher tais formulários. Elas logo alcançarão o nível Globish, e isso pode ser muito fácil. Mas, então, deveriam receber apenas documentos escritos em Globish, compreensíveis *tanto* para os novatos *quanto* para todos os cidadãos de fala inglesa. Isso custaria bem menos que imprimir cada documento e formulário em vários idiomas diferentes. E os novos residentes poderiam ter um desempenho melhor e mais rápido na economia se pudessem interpretar o idioma. O Globish pode satisfazer essa necessidade, mas essa nação tem de tornar isso um padrão, e demonstrá-lo em todos os documentos importantes.

Sempre haverá algumas pessoas novas que ainda não conseguem usar o Globish, mesmo para ler textos simples. Pode ser que ainda precisem de algo em seu próprio idioma. Para o inglês normal, a solução usual seria ter vários tradutores, um para cada idioma. Seu trabalho poderia ser excelente, mas levaria muito tempo e custaria muito dinheiro.

You could also decide to have computer translations to these languages from English. But you must make sure that it works; here is how to do that. Have the computer translate part of your English version into – say – Poldevian. When you have a result, do not show it immediately to the Poldevians. Instead, order the computer to change the Poldevian document back to English. If you think you can understand it – and accept it – then the process is good. In most cases you will be surprised in a bad way. You will decide that computers cannot change languages very well yet. However, Globish has a much better chance of giving good results in computer translation. It has simpler sentence structures, and uses the most common English words. Many times, the computer translation from Globish to Poldevian will give better results, but not perfect results. This is true of most of Globish, where the goal is to create understanding without 100% perfection.

We must remember, however, that Globish is not a holy language. It is an idea, a guidance. The better you keep to it, the more people will understand you. Perhaps it is like a diet. The closer you stay to it, the more weight you lose. But no diet is going to fail if – just a few times – you have a glass of wine, or a beer. Off-limits words in

Você também poderia decidir usar tradutores automáticos (por computador) do inglês para esses idiomas. Mas você tem de ter certeza de que isso funcionará – e eis como fazer isto. Faça com que o computador traduza parte de sua versão inglesa para, digamos, o poldévio. Quando tiver um resultado, não mostre imediatamente aos poldevianos. Em vez disso, ordene ao computador que traduza o documento em poldeviano de volta para o inglês. Se considerar que consegue entendê-lo – e aceitá-lo –, então o processo é bom. Na maioria dos casos, será negativamente surpreendido. Concluirá que os computadores ainda não conseguem traduzir bem os idiomas. Contudo, o Globish tem uma probabilidade muito maior de fornecer bons resultados na tradução por computador. Ele possui estruturas frasais mais simples e usa as palavras mais comuns do inglês. Muitas vezes, a tradução automática do Globish para o poldévio dará melhores resultados, mas não resultados perfeitos. Isto é verdadeiro para a maior parte do Globish, cujo objetivo é gerar compreensão sem a perfeição total.

Devemos lembrar, porém, que o Globish não é uma língua sagrada. É uma ideia, uma orientação. Quanto mais você se mantiver fiel a ele, mais pessoas o entenderão. Talvez seja como uma dieta. Quanto mais disciplinado se mantiver, mais peso você perderá. Mas nenhuma dieta deixará de funcionar se – apenas algumas vezes – você beber uma taça de vinho ou uma cerveja. As palavras que ul-

Globish are not wrong; it is just not wise to bring in difficult words too often. You can use a rare word because no other one will do, and many readers will run to their word books. Or you can use two Globish words that are widely understood by your readers or listeners... and mean the same thing. It is up to you. But the more you stay with the guidance, the better chance you have of everyone understanding you.

It is clear also that people who decide to use Globish will possibly master many more words than the list given here. This is clearly true for advanced English students, of course, but also for the other speakers. In many cases the non-native speakers will hear speech or see written material that uses more difficult words. In most cases, non-native speakers will learn these new words, and have them available in case they need to use them again later. This is a good result. We are not suggesting that people close their eyes and their ears to all new words. And there will often be native English speakers who reject the Globish idea completely. With this kind of people, more words will always help the non-native speakers to understand.

But these borders of this Globish "middle ground" are not made to trapassam os limites do Globish não estão erradas; apenas não é prudente introduzir palavras difíceis com muita frequência. Você pode empregar uma palavra pouco usada nos casos em que nenhuma outra poderá servir, mas muitos leitores recorrerão a seus dicionários. Ou você pode utilizar duas palavras do Globish que sejam amplamente compreendidas por seus leitores ou ouvintes... e dizer a mesma coisa. A decisão é sua. Mas, quanto mais se mantiver fiel às diretrizes, mais chances terá de que todos o entendam.

É claro também que as pessoas que decidirem usar o Globish provavelmente conhecerão muitas palavras a mais do que as que há na lista oferecida aqui. Isso é claramente verdade para os estudantes avançados do inglês, evidentemente, mas também para os demais falantes. Em muitos casos, os falantes não-nativos ouvirão discursos ou verão materiais escritos com palavras mais difíceis. Na maioria dos casos, os falantes não-nativos aprenderão essas novas palavras e poderão dispor delas caso precisem usá-las de novo mais tarde. Este é um bom resultado. Não estamos sugerindo que as pessoas fechem seus olhos e ouvidos para todas as palavras novas. E, com frequência, haverá falantes nativos que rejeitam completamente a ideia do Globish. Com esse tipo de pessoa, o conhecimento de mais palavras sempre ajudará os falantes não-nativos a entender.

Mas estas fronteiras do "terreno intermediário" do Globish não foram feitas para manter as pessoas dentro ou fora.

keep people in or out. If all speakers know they can come back and be welcomed into Globish, then communication has a chance.

Se todos os falantes souberem que podem voltar e ser bem-vindos no Globish, então a comunicação tem uma oportunidade.

Technical Words
Interpreter – a person who tells the meaning in one language to those who speak another language.
Translation – changing of one language to another. Sometime human translators are called interpreters as well.

Termos técnicos
Intérprete – uma pessoa que diz o significado em determinada língua para aqueles que falam outra língua.
Tradução – transposição de uma língua para outra. Às vezes os tradutores humanos também são chamados de intérpretes.

Part 2

Elements of Globish

Parte 2

Elementos do Globish

British idioms Expressões idiomáticas britânicas	**American Idioms** Expressões idiomáticas dos Estados Unidos	**600.000 words in Oxford English Dictionary** 600.000 palavras no Dicionário Oxford de inglês
12 Verb Tenses 12 tempos verbais	**Tecnical Words** Palavras Técnicas **globish** **1500 Words** 1500 palavras Palavras Internacionais	**Moods** Modos
voices vozes	**International Words**	**Australian Idioms** Expressões idiomáticas australianas 53 sounds
Canadian Idioms Expressões idiomáticas canadenses	**Irish Idioms** Expresiones idiomáticas irlandesas	

(1500 words, 6-10 verb-time formations, phrasal verbs, 8 parts of speech, plus Active, Passive, Conditional forms. Best: 15-word sentences, Maximum 26-word sentences)

(1.500 palavras, de 6 a 10 formas de tempos verbais, expressões verbais compostas (phrasal verbs), 8 classes de palavras, mais as formas ativa, passiva e condicional. O melhor: frases de 15 palavras, com no máximo 26 palavras por frase).

Chapter 11

How much is "enough"?

Globish is "enough" English. That is why a person can learn it more quickly than full English. There are many structures, rules, and ways of using English which make it difficult. Globish has limits so that it is easier to learn and start speaking. A person can know exactly *what* to learn. This is also very helpful in communication between people of varying English abilities. They can all know what to say and write.

But the question will always be asked: "What does "enough" mean? What is "enough?" "Not enough" means that you cannot communicate comfortably with anyone, in English or Globish. You may not know enough words or – more likely – you do not say words with the right stresses, or you may not know simple sentence forms and verb forms. So how much is "too much?" "Too much" makes many students learning English feel they will "never be good enough" in English.

The Council of Europe offers a *Common European Framework of Refer-*

ence for Languages (C.E.F.R.) that offers a situational test for users of all second languages. By their standard, the best user of Globish would be an Independent User (Their category called "B1") THIS IS GIVEN EXACTLY IN C.E.F.R.'s ENGLISH:

> Can understand the main points of clear standard input on familiar matters regularly encountered in work, school, leisure, etc. Can deal with most situations likely to arise whilst travelling in an area where the language is spoken.
>
> Can produce simple connected text on topics, which are familiar, or of pessoal interest. Can describe experiences and events, dreams, hopes & ambitions and briefly give reasons and explanations for opinions and plans.

That is the test for "enough" for their B1 – Independent User. It would be enough for the Globish user too, if we added this:

> "Uses all words needed to join in a given profession or activity; uses International words appropriate in all travel or international business situations."

as Línguas (QECR), que oferece um teste de situação para os usuários de segundos idiomas. Segundo seu padrão, o melhor usuário do Globish seria um Usuário Independente (essa categoria é chamada de "B1"). ESTE TEXTO ESTÁ PRECISAMENTE NO INGLÊS DO QECR:

> *É capaz de compreender os pontos principais de informações comuns claras sobre assuntos com os quais esteja familiarizado, regularmente encontrados no trabalho, na escola, no lazer etc. É capaz de lidar com a maioria das situações que possam se apresentar durante uma viagem a uma região onde se fale o idioma.*
>
> *É capaz de produzir textos concatenados simples sobre temas conhecidos ou de interesse pessoal. É capaz de descrever experiências, acontecimentos, sonhos, esperanças e aspirações e, sucintamente, oferecer razões e explicações para opiniões e planos.*

Este é o teste para obter "suficiente" no nível B1 – do usuário independente. Também seria suficiente para o usuário de Globish se acrescentássemos:

> *Utiliza todas as palavras necessárias para ingressar em uma determinada profissão ou atividade, usa palavras internacionais adequadas a todas as situações de viagens ou de negócios internacionais.*

But many Globish users can operate at the higher Level B2 of that same C.E.F.R. Independent User standard:

> "Can understand the main ideas of complex text on both concrete and abstract topics, including technical discussions in his/her field of specialisation. Can interact with a degree of fluency and spontaneity that makes regular interaction with native speakers quite possible without strain for either party. Can produce clear, detailed text on a wide range of subjects and explain a viewpoint on a topical issue giving the advantages and disadvantages of various options."

So there are people who have been thinking about this Globish "level" of language use. There are many, many more who have been using something quite close to Globish. Even with few written standards, some have called it Globish because they feel their level of usage is "Globish." They are using the word "Globish" to establish a level of comfort – a middle ground to communicate with others. Now we hope they can be even more certain because of the observations in this book.

At the risk of saying some important things once again, we will now unite

Mas muitos usuários do Globish são capazes de operar no nível B2, mais elevado, segundo o mesmo padrão QECR de usuário independente:

> *É capaz de entender as principais ideias de textos complexos sobre temas concretos e abstratos, incluindo discussões técnicas em sua área de especialização. É capaz de interagir com um grau de fluidez e espontaneidade que possibilita uma interação regular com falantes nativos sem esforço para nenhuma das partes. É capaz de produzir um texto claro e detalhado sobre uma ampla gama de assuntos e de explicar seu ponto de vista sobre um determinado tópico, apontando as vantagens e desvantagens das várias opções.*

Assim, algumas pessoas já estiveram pensando sobre esse "nível" Globish do uso do idioma. Muitas e muitas pessoas mais têm usado algo muito parecido com o Globish. Mesmo com poucos padrões escritos, alguns o têm chamado de Globish porque consideram que seu nível de uso é "Globish". Estão usando a palavra "Globish" para determinar um certo nível de conforto – uma posição intermediária – na comunicação com outros. Esperamos agora que fiquem ainda mais seguros disto em virtude das observações contidas neste livro.

Correndo o risco de repetir algumas coisas importantes, reuniremos agora algu-

some observations from the first part of the book. This will lay the groundwork for describing major language elements that are important to Globish.

First we will review the ways Globish is like English and then how Globish differs from English. Then, we will examine what makes this Closed System of Linguagem natural an effective tool for world communication.

English speakers may well say: If Globish is like English, why not just learn English? But there are certain things English speakers do not try to understand. That is one of the main reasons people in many places will be speaking Globish.

mas observações da primeira parte deste livro. Isto estabelecerá a base para descrever os principais elementos linguísticos que são importantes para Globish.

Primeiramente, revisaremos aquilo em que o Globish é semelhante ao inglês, e, depois, em que se diferencia do inglês. Em seguida, estudaremos o que torna esse sistema fechado de linguagem natural uma ferramenta eficaz para a comunicação mundial.

Os falantes do inglês poderiam dizer: "se o Globish é como o inglês, por que não aprender, simplesmente, inglês?". Mas há algumas coisas que os falantes não tentam entender. Essa é uma das principais razões pelas quais as pessoas, em muitos lugares, falarão o Globish.

Chapter 12

Is Globish the Same as English?

Globish is correct English

Native English speakers can easily read and understand this book. But because of this, English speakers do not always notice that Globish is not just **any** English. They can miss the value of limiting their English to Globish. It should instead be a comfort to them, that what they are reading can also be easily understood by Globish speakers as well.

In reading this book, all English-speakers are observing a "common ground" *in action*. Most probably as many as one and a half billion other people can read and understand this same book.

Of course, at first it might seem that all English speakers can use Globish almost without thinking. However, English speakers who want to speak and write Globish must do four things: (1) use short sentences; (2) use

Capítulo 12

O Globish é o mesmo que o inglês?

O Globish é um inglês correto

Os falantes nativos são capazes de ler e entender facilmente este livro. Mas, por causa disso, os falantes do inglês nem sempre percebem que o Globish não é, simplesmente, **qualquer** inglês. Podem não perceber a importância de limitar seu inglês ao Globish. Em vez disso, deveria ser um conforto para eles o fato de que aquilo que estão lendo também possa ser facilmente compreendido pelos falantes de Globish.

Ao ler este livro, todos os falantes de inglês estão vendo um "terreno comum" *em ação*. É provável que até um bilhão e meio de pessoas sejam capazes de ler e entender este mesmo livro.

É claro que, a princípio, pode parecer que todos os falantes do inglês podem usar o Globish quase sem pensar. Entretanto, os falantes do inglês que queiram falar e escrever Globish devem fazer quatro coisas: (1) usar frases curtas; (2) usar as palavras de maneira

words in a simple way; as any advertiser or politician knows; (3) use only the most common English words, and (4) help communication with body language and visual additions. Also, they must find ways to repeat what they decide is very important.

Globish spelling is English spelling

Most English speakers have trouble with their own spelling, because the English words come from many cultures. There are probably more exceptions to the rules than there are rules. Often, people learn to spell English words by memory: they *memorize* what the word *looks* like.

Globish sounds like English

Globish speakers must learn to stress parts of words correctly. If the stress is correct, the word is most easily understood. It does not matter so much about the accent. And some sounds that are hard to make do not matter so much. A second problem in pronunciation is easier: the *schwa* sound can often substitute in most parts of words that are *not* stressed. (More in Chapter 16).

simples, como o fazem os publicitários e os políticos; (3) usar apenas as palavras inglesas mais comuns; e (4) auxiliar a comunicação com linguagem corporal e complementos visuais. Além disso, devem também encontrar formas de repetir aquilo que consideram muito importante.

A ortografia do Globish é a ortografia do inglês

Muitos falantes do inglês têm problemas com sua própria ortografia, pois as palavras inglesas provêm de diversas culturas. É provável que o número de exceções às regras seja maior do que o número de regras. Com frequência, as pessoas aprendem como redigir as palavras inglesas por memória: *memorizam* a *aparência* da palavra.

O Globish soa como o inglês

Os falantes do Globish devem aprender a acentuar corretamente as partes das palavras. Se a acentuação estiver correta, a palavra será mais facilmente compreendida. Não importa tanto o sotaque. E alguns sons que são difíceis de pronunciar não são tão importantes. Um segundo problema da pronúncia é mais fácil: o som "schwa" muitas vezes pode substituir a maioria das partes de palavras que *não* são acentuadas. (Leia mais sobre isso no Capítulo 16).

Globish uses the same letters, markings and numbers as English	O Globish usa as mesmas letras, sinais de pontuação e números que o inglês
It also has the same days, months and other time and place forms.	Também possui os mesmos dias, meses e outras formas de tempo e lugar.
Globish uses the basic grammar of English, with fewer Tenses, Voices, and Moods	O Globish usa a gramática básica do inglês, com menos tempos, vozes e modos verbais

Directions – Globish/English
Direções – Globish/inglês

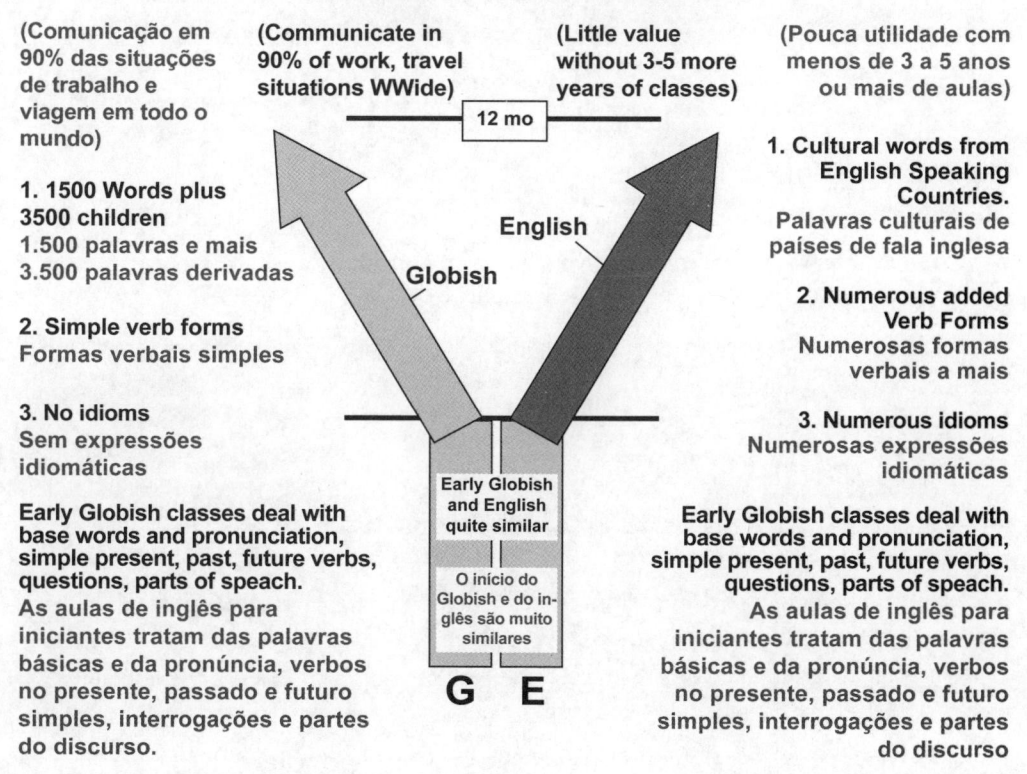

(Comunicação em 90% das situações de trabalho e viagem em todo o mundo)

(Communicate in 90% of work, travel situations WWide)

(Little value without 3-5 more years of classes)

(Pouca utilidade com menos de 3 a 5 anos ou mais de aulas)

1. 1500 Words plus 3500 children
1.500 palavras e mais 3.500 palavras derivadas

2. Simple verb forms
Formas verbais simples

3. No idioms
Sem expressões idiomáticas

Early Globish classes deal with base words and pronunciation, simple present, past, future verbs, questions, parts of speech.
As aulas de inglês para iniciantes tratam das palavras básicas e da pronúncia, verbos no presente, passado e futuro simples, interrogações e partes do discurso.

12 mo

English
Globish

Early Globish and English quite similar
O início do Globish e do inglês são muito similares

G   E

1. Cultural words from English Speaking Countries.
Palavras culturais de países de fala inglesa

2. Numerous added Verb Forms
Numerosas formas verbais a mais

3. Numerous idioms
Numerosas expressões idiomáticas

Early Globish classes deal with base words and pronunciation, simple present, past, future verbs, questions, parts of speech.
As aulas de inglês para iniciantes tratam das palavras básicas e da pronúncia, verbos no presente, passado e futuro simples, interrogações e partes do discurso

Technical Words
  Capitalize – put a large letter at the first of the word.
  Visual – can be seen with the eyes.
  Tenses – the time a verb shows, Present, Past, or Future order.
  Voice – a type of grammar. We use Active voice most in Globish.
  Moods – ways of speaking. Imperative Mood: *"Don't look at me!"*.

Termos técnicos
  Maiúscula – primeira letra da palavra em tamanho maior.
  Visual – que pode ser visto com os olhos.
  Tempos – os tempos verbais: presente, passado ou futuro.
  Voz – um tipo de gramática. No Globish, usamos mais a voz ativa..
  Modos – modos de falar. Modo imperatico: *"Não olhe para mim!"*.

Chapter 13

How Globish is Different from English

Globish has a different name

The name lets people know exactly how much English they are using. It also lets native English speakers know that they do not "own" this language. Globish means we use the same simple rules for everyone. And it usually means that the speaker or writer is trying to help with understanding. Globish speakers enjoy the fact that all cultures are talking ***together***.

Globish has 1500 words, expandable in four ways:

- different use of same word,
- combinations of words,
- short additions to words,
- and Phrasal Verbs.

Also allowed are (a) Names and Titles – (capitalized), (b) international

Capítulo 13

Em que o Globish se diferencia do inglês

O Globish tem um nome diferente

O nome permite que as pessoas saibam exatamente quanto inglês estão utilizando. Também faz com que os falantes nativos saibam que não são "donos" desse idioma. O Globish significa que usamos as mesmas regras simples para todos. E, geralmente, significa que o falante ou escritor está tentando favorecer a compreensão. Os falantes do Globish apreciam o fato de que todas as culturas conversem ***juntas***.

O Globish possui 1.500 palavras, que podem ser expandidas de quatro maneiras:

- diferentes usos da mesma palavra;
- combinações de palavras;
- pequenos acréscimos às palavras;
- expressões verbais compostas (*phrasal verbs*).

Também são permitidos: (a) nomes e títulos (com maiúsculas); (b) palavras

words like *police* and *pizza*, (c) technical words like *noun* and *grammar* in this book. Only common agreement between speakers can decide between them, of course, what other words to allow beyond these 1500 Globish words. If one person cannot understand an additional word, then its use is not recommended. (See Chapters 16).

Globish uses mostly Active Voice

Globish speakers should understand Passive and Conditional forms. But it is usually best for Globish users to create messages in Active Voice if possible. Who or what is doing the action must be clear in Globish. English may say:

> *The streets were cleaned in the morning.*

But Globish would say:

> *The workmen cleaned the streets in the morning.*

Globish suggests short sentences (15 words or fewer)

This limits phrases and clauses, but allows them if necessary. Instead of:

> *When we went to Paris we took a nice little hotel not far from the main shopping area so that*

internacionais como *police* e *pizza*; (c) palavras técnicas, como o uso de *noun* e *grammar* neste livro. Evidentemente, apenas o acordo entre os falantes pode decidir quais outras palavras serão permitidas além dessas 1.500 palavras do Globish. Se uma pessoa não conseguir entender uma palavra adicional, então seu uso não é recomendado. (Ver Capítulo 16.)

O Globish utiliza, principalmente, a voz ativa.

Os falantes do Globish devem conhecer a voz pasiva e o modo condicional. Mas, em geral, é melhor que os usuários do Globish criem mensagens na voz ativa, se possível. No Globish, deve ficar claro qual é a pessoa ou coisa que executa a ação. Em inglês, poder-se-ia dizer:

> *As ruas foram limpas de manhã.*

Mas em Globish dir-se-ia:

> *Os trabalhadores limparam as ruas de manhã.*

O Globish sugere frases curtas (15 palavras ou menos)

Isto limita as frases e as orações interligadas, mas permite seu uso, quando necessário. Em lugar de:

> *Quando fomos a Paris, ficamos num ótimo hotelzinho, que não era distante da principal zona comercial, de modo que não tivés-*

we would not have too far to carry our purchases.

Globish speakers will say:

> We went to Paris, and we found a nice little hotel. It was near the main shopping area. That way, we would not have too far to carry our purchases.

Globish pronunciation has fewer necessary sounds than traditional English

Globish sounds should be learned with each word. Most important: Globish must use syllable stress VEry corRECTly. Because there are similar sounds in most languages, each speaker may have to learn only a few new sounds.

Globish speakers use their body, their hands and their face when they talk

They use headlines, **dark print**, underline, and pictures with written Globish. In meetings, Globish speakers use objects, pictures, sounds, and give things to the listeners. Good Globish speakers speak clearly, and are happy to repeat what they have said. Globish speakers check that the lis-

semos de carregar nossas compras por um caminho muito longo.

Os falantes do Globish diriam:

> Fomos a Paris e encontramos um ótimo hotelzinho. Ficava próximo da principal zona comercial. Deste modo, não teríamos de carregar nossas compras por um caminho muito longo.

A pronúncia do Globish tem necessidade de menos sons que o inglês tradicional

Os sons do Globish devem ser aprendidos com cada palavra. O mais importante: o Globish tem de usar a acentuação de sílabas de maneira muito precisa. Como há sons similares na maioria dos idiomas, cada falante pode ter de aprender apenas alguns poucos sons novos.

Os falantes do Globish utilizam seu corpo, suas mãos e seu rosto quando falam

No Globish escrito, utilizam-se títulos, **negrito,** sublinhado e ilustrações. Nas reuniões, os falantes de Globish utilizam objetos, imagens, sons e entregam coisas aos ouvintes. Os bons falantes do Globish falam com clareza e não se incomodam em repetir o que disseram. Os falantes de Globish verificam se os ouvintes entenderam antes de

teners understand before they say the next thing. They repeat all questions AND answers in meetings.

Globish speakers are very careful about humor, idioms and examples

Globish speakers can have fun, and be friendly. But they avoid anything that might not be understood. Most people are careful not to use the same humor with their parents and their friends. Sometimes humor is good for one person but offensive to another. This is even more difficult to know about between cultures, so it is best to avoid trying to be "funny". In the same way, examples from one culture might not be good in another culture and some analogies might not carry exactly the same meaning. And idioms, things that depend on understanding a certain culture, should be avoided.

Globish is a "Closed System of Natural Language"

This is what makes Globish useful, dependable, and easier to learn and use. The next chapters will be about "natural language" and Globish's closed system.

prosseguir com sua fala. Nas reuniões, repetem todas as perguntas E todas as respostas.

Quem fala Globish toma muito cuidado com o humor, as expressões idiomáticas e os exemplos

Os falantes do Globish podem se divertir e ser amistosos. No entanto, devem evitar tudo aquilo que possa não ser entendido. A maior parte das pessoas toma o cuidado de não utilizar o mesmo tipo de humor com seus pais e seus amigos. Às vezes, o humor é bom para uma pessoa, mas é ofensivo para outra. Isto é ainda mais difícil de avaliar entre diferentes culturas, então é melhor evitar tentar ser "engraçado". Da mesma maneira, exemplos de uma cultura podem não ser bons em outra, e algumas analogias podem não ter exatamente o mesmo significado. E as expressões idiomáticas, que dependem da compreensão de uma determinada cultura, devem ser evitadas.

O Globish é um "sistema fechado de linguagem natural"

É isto o que torna o Globish útil, confiável e fácil de aprender e usar. Os próximos capítulos tratarão da "linguagem natural" e do sistema fechado do Globish.

Technical Words
Noun – a part of speech naming a person, place, or thing.
Passive Voice – a sentence with no subject. "The house is sold."
Active Voice – usual sentence – subject first. "Mary came home."
Figurative – expressing one thing in terms of another: "on thin ice."
Analogy – using two things that have a similarity to make a case.
Analogy: "The human brain is like a computer."

Termos técnicos
Substantivo – parte do discurso (ou classe de palavras) que nomeia uma pessoa, um lugar ou uma coisa.
Voz passiva – caracteriza uma oração na qual o sujeito não é o agente da ação verbal: "A casa foi vendida".
Voz ativa – oração mais simples, na qual o sujeito é quem pratica a ação: "Maria veio para casa".
Linguagem figurada – que expressa uma coisa por meio de outra: "Estar na corda bamba".
Analogia – uso de coisas que possuem similaridade para demonstrar um argumento: "O cérebro humano é como um computador".

Chapter 14

Natural Language Has "Experience"

People need a language that has "experience". We need to know other people have lived all their lives talking in that language. We need to know that many centuries, many parents and their children, have made it work well. Natural language is always growing. The "closed system" of Globish, of course, is a beginning definition. Over time, Globish may add necessary words as *technical* or *international* when worldwide Globish speakers are using it.

The value of having a natural language is because it has been tested with many millions of people. Its most-used words have been turned over and over, like sand on a seaside, for centuries. These words are the *survivors* from all the language naturals that came into English. They are strong words, and useful words.

And these rules of Globish are not something someone just "thought up". For example, the way English deals

Capítulo 14

A linguagem natural tem "experiência"

As pessoas precisam de um idioma que tenha "experiência". Precisamos saber que outras pessoas viveram suas vidas inteiras falando esse idioma. Precisamos saber que, por muitos séculos, muitos padres e seus filhos fizeram com que o idioma funcionasse bem. A linguagem natural está sempre crescendo. O "sistema fechado" do Globish é, evidentemente, uma definição inicial. Com o tempo, o Globish poderá acrescentar palavras necessárias, como palavras *técnicas* ou *internacionais,* quando os falantes de Globish de todo o mundo as estiverem usando.

A vantagem de ter uma linguagem natural se deve ao fato de ter sido testada com muitos milhões de pessoas. Suas palavras mais usadas foram revolvidas, como a areia na praia, durante séculos. Essas palavras são as *sobreviventes* de todos os elementos linguísticos naturais que foram incluídos no inglês. São palavras fortes e úteis.

E essas regras do Globish não são algo que alguém simplesmente "idealizou". Por exemplo, a maneira como o inglês lida com o tempo por meio de seus ver-

with time through its verbs. Now all languages have different ways of communicating the order of happenings. But as much as any language, English-speakers have a proven language where events have relationships to each other in time. So timing is important to the English way of thinking, important to their communication. If they want to say something is happening "now" they use a continuous form, such as *I am reading this book*. That Present Continuous form means "exactly now". If they say *I read this book*, it means they have read it before now, are reading it now, and will continue to read it in the future.

These things are all important to a "way of thinking". They don't happen by someone's plan. Natural Language grows through trial-and-mistake-and-improvement, and that is why Natural Language works!

But why do we call Globish a "Closed System?" And is "closed" good?

bos. Ora, todos os idiomas têm diferentes maneiras de comunicar a ordem dos acontecimentos. Mas, como qualquer idioma, os falantes do inglês têm um idioma já testado no qual os acontecimentos estão inter-relacionados no tempo. Assim, o tempo é importante para a maneira de pensar dos falantes do inglês, importante para sua comunicação. Quando querem dizer que algo está ocorrendo "agora", utilizam uma forma contínua, tal como "I am reading this book" ["Eu estou lendo este livro"]. Essa forma do Presente Contínuo significa "exatamente agora". Se dizem "I read this book" ["Eu leio este livro"], significa que leram o livro antes do momento presente, estão lendo agora e continuarão lendo no futuro.

Todas estas coisas são importantes para uma "maneira de pensar". Elas não seguem um planejamento feito por alguém. A linguagem natural se desenvolve por meio de experiências, erros e aprimoramentos, e é por isso que a linguagem natural funciona!

Mas por que dizemos que o Globish é um "sistema fechado"? E ser "fechado" é algo bom?

Chapter 15

A Closed System: Globish Limitations

Closed Systems give us less to remember, and more to agree on

"Closed System" means we accept certain sets of limitations in what we are doing. It makes life easier when we agree to operate within those Closed Systems. We also have many other Closed Systems. Buses and trains and airplanes usually have places to step on and off. We usually drive on just one side of the road. Cars coming the other way stay on the other side, because it is a closed system. Otherwise, either side of the road would be OK, and there would be huge problems.

So… why can't a language be a Closed System?

This is why Globish is most useful, as a Closed System, a language built on common limitations. You know what you have to learn, and can do so with

Capítulo 15

Um sistema fechado: as limitações do Globish

Os sistemas fechados nos dão menos coisas para lembrar e mais para convencionar

Ter um "sistema fechado" significa que aceitamos uma série de limitações naquilo que estamos fazendo. Isso torna a vida mais fácil quando concordamos em operar dentro dos limites desses sistemas fechados. Temos também muitos outros sistemas fechados. Ônibus, trens e aviões usualmente têm lugares convencionados para se embarcar ou desembarcar. Normalmente, dirigimos em um único lado da rua. Os automóveis que trafegam em sentido contrário mantêm-se do outro lado, porque é um sistema fechado. Se não fosse assim, ambos os lados da estrada estariam liberados, e haveria grandes problemas.

Então… por que uma língua não pode ser um sistema fechado?

Por isso o Globish é extremamente útil, por ser um sistema fechado, uma língua construída com base em limitações comuns. Você sabe o que tem de aprender,

less effort. And when you use it, you know all the rules that the other people know. It is based on reasonable limitations that non-native English speakers have when they use English. What we have been discussing in this book are main elements of that Closed System:

Globish is limited to 1500 words

Globish has limited ways of using words.

Globish has limited length sentences.

Globish is limited to understanding.

Globish has no limits in using hands, face, or body.

e consegue fazê-lo com menos esforço. E, quando usa o Globish, conhece todas as regras que as outras pessoas conhecem. Ele se baseia em limitações razoáveis que os falantes não-nativos têm quando usam o inglês. O que estivemos discutindo neste livro são os principais elementos desse sistema fechado.

O Globish limita-se a 1.500 palavras

O Globish tem maneiras limitadas de usar as palavras.

O Globish tem frases de extensão limitada.

O Globish limita-se à compreensão.

O Globish não tem limites para o uso das mãos, do rosto e do corpo.

Chapter 16

1500 Basic Words

Before the English teachers all ask one question, let us answer it

When you learn a Globish word, you will not need to learn spelling rules or pronunciation rules. You will need to think of only that word. You should learn its individual pronunciation and how its individual spelling looks to you.

If you attempt to *sound out* every word from the English *spelling* **you will be sorry**. En-glish writing has a very loose relationship with its sounds. But please…you must do everything to learn the **stressed** syllables in the Globish words. If you will say that stressed syllable in a **heavy** tone, most people can understand the rest.

One key sound that is more important to Globish – and English – than any other is the "*schwa*" sound. The *schwa* is almost not a sound. It usually "fills in" in words of more than one syllable, as a way of moving quickly over unstressed

Capítulo 16

1.500 palavras básicas

Antes que todos os professores de inglês façam a mesma pergunta, nós a responderemos

Quando se aprende uma palavra do Globish, não será preciso aprender as regras ortográficas ou de pronúncia. Será preciso pensar apenas nessa palavra específica. Deve-se aprender sua pronúncia individual e qual o aspecto visual de sua grafia individual.

Se você tentar *pronunciar* cada palavra com base na *ortografia* inglesa, **lamentará isso**. A escrita do inglês tem uma relação muito frouxa com os seus sons. Mas, por favor… você tem de fazer todo o possível para aprender a **acentuação** das sílabas nas palavras do Globish. Se pronunciar essa sílaba acentuada com **intensidade**, a maior parte das pessoas conseguirá entender o resto.

Um som crucial que é mais importante que qualquer outro no Globish – e no inglês – é o som "*schwa*". O *schwa* quase não é um som. Em geral, ele se "entremeia" às palavras de mais de uma sílaba, como uma maneira de passar rápido por uma sílaba não acentuada. O *schwa*

syllables. The *schwa* also makes trying to spell using sound very difficult.

All of these letters and letter-combinations will sound the same when an English speaker or a good Globish speaker says them. Using the *schwa* on the unstressed syllable is the most important thing about Globish (or English) pronunciation – and spelling – that you can know, because it makes everything else so much easier.

também torna muito difícil tentar reconhecer a ortografia com base no som.

Todas estas letras e combinações de letras soarão do mesmo modo quando um falante de inglês ou um bom falante de Globish as pronunciar. Usar o *schwa* na sílaba não acentuada é a coisa mais importante que você pode saber sobre a pronúncia – e a ortografia – do Globish (ou do inglês), porque torna tudo o mais muito mais fácil.

1500 Basic Words

a - um, uma; cada; por; a, o;

able - apto, capaz; que pode, que consegue

about - sobre, acerca de, a respeito de; em torno de, perto de; por; por volta de; ocupado com / aproximadamente, cerca de; quase

above - acima / em cima

accept - aceitar, receber; admitir, consentir; aprovar

account - conta; cômputo; relato, exposição; explicação; razão, motivo; importância

accuse - acusar

achieve - alcançar, atingir, conseguir, obter, conquistar

across - através de; além de, do outro lado de; de lado a lado

1.500 Palavras básicas

act - atuar

adapt - adaptar

add - acrescentar, adicionar

admit - admitir

adult - adulto

advertisement - anúncio, publicidade

advise - aconselhar, recomendar; advertir, avisar

affect - afetar, produzir efeito em, influir

afraid - com medo, amedrontado, receoso

after - depois, posteriormente / depois de; em seguimento de; em busca de, no encalço de, à procura de; à maneira de; em homenagem a (p. ex., para nomes próprios)

again - novamente, de novo

against - contra

age - idade

agency - agência

ago - antes, atrás, anteriormente

agree - concordar, convir

ahead - à frente, adiante

aid - ajuda, auxílio, assistência; socorro / ajudar

aim - alvo, mira / visar, mirar, ter como alvo

air - ar

alive - vivo, com vida; vívido

all - todo, inteiro; tudo; o máximo

allow - permitir

ally - aliado

almost - quase

alone - só, sozinho

along - junto com; em companhia de; ao longo de

already - já

also - também, da mesma forma, igualmente; além disso, ademais

although - embora, ainda que

always - sempre

among - entre, no meio de

amount - quantia; quantidade; montante; valor, importância

and - e

angle - ângulo

angry - zangado

announce - anunciar

another - (um) outro; mais outro(s)

answer - resposta / responder

any - qualquer, quaisquer; algum; nenhum

apologize - desculpar-se

appeal - apelo; apelação; atração, atrativo / apelar

appear - aparecer, surgir, mostrar-se; parecer, aparentar

apple - maçã

apply - aplicar, empregar, dedicar

approve - aprovar

area - área

argue - discutir, debater; argumentar, arrazoar; sustentar, afirmar, questionar

arm - braço

army - exército

around - em torno de, ao redor de; nas proximidades de

arrest - detenção, prisão, aprisionamento, captura; apreensão, retenção / deter; prender, capturar; reter, apreender

arrive - chegar; atingir, alcançar

art - arte

as - como [as... as = "tanto... quanto", "tão... como"]

ask - perguntar, indagar; pedir, solicitar

assist - assistir, auxiliar, ajudar; comparecer

at - em

attach - anexar, vincular

attack - atacar

attempt - tentativa / tentar

attend - assistir, frequentar

attention - atenção

authority - autoridade

automatic - automático

autumn - outono

available - disponível, acessível

average - média / médio, mediano

avoid - evitar

awake - acordar, despertar

award - prêmio, recompensa / premiar, recompensar

away - ausente, fora / longe, distante

baby - bebê

back - costas / posterior, de trás, traseiro; passado / para trás, atrás; de volta; em retorno

bad - mau, ruim

bag - sacola, saco, bolsa

balance - equilíbrio

ball - bola

ballot - votação; cédula de voto

ban - proibição, interdição / proibir, banir

bank - banco [(a) instituição financeira ou (b) "reserva", por exemplo: "banco de sangue"]

bar - bar

barrier - barreira

base - base

basket - cesta

battle - batalha

be - ser, estar

bear - carregar, portar, conduzir, levar, trazer; produzir, render; suportar, tolerar; prestar, conceder, dispensar

beat - batida, pancada, golpe; ritmo; batimento; pulsação / bater; pulsar

beauty - beleza

because - porque; pela razão de que

become - tornar-se

bed - cama

beer - cerveja

before - antes

begin - começar, iniciar

behind - atrás, detrás; atrás de

believe - crer, acreditar; ter fé

bell - sino, campainha

belong - pertencer; ser propriedade de; fazer parte de, ser membro de; caber a, competir a

below - abaixo, embaixo, debaixo

bend - curvar, dobrar

beside - ao lado de, perto de, junto a; além de

best - melhor

betray - trair

better - melhor

between - entre

big - grande

bill - conta, fatura, nota

bird - pássaro

birth - nascimento

bit - bocado, pedaço pequeno, partícula

bite - mordida / morder

black - preto, negro

blade - lâmina

blame - culpa, responsabilidade; culpar, responsabilizar

blank - espaço vazio

blanket - manta, cobertor

bleed - sangrar

blind - cego

block - bloquear

blood - sangue

blow - golpe; sopro; soprar

blue - azul

board - conselho, junta

boat - barco

body - corpo

bomb - bomba

bone - osso

bonus - bônus

book - livro

boot - bota

border - fronteira

born - nascer

borrow - emprestar, tomar emprestado

boss - chefe

both - ambos

bottle - garrafa

bottom - parte de baixo, fundo

box - caixa

boy - garoto

boycott - boicote

brain - cérebro

brake - freio / frear

branch - ramo, galho

brave - corajoso

bread - pão

break - romper, quebrar

breathe - respirar; inalar; tomar fôlego

brick - tijolo

bridge - ponte

brief - resumo, síntese / breve; resumido, conciso

bright - claro, luminoso, brilhante; inteligente

bring - trazer

broad - amplo, vasto

broadcast - transmitir, difundir (através de mídia)

brother - irmão

brown - marrom

brush - escova

budget - orçamento

build - construir

bullet - bala, projétil

burn - queimar

burst - estouro, explosão / estourar, explodir

bury - enterrar; sepultar

business - negócio, atividade comercial

busy - ocupado, atarefado, ativo

but - mas, porém; com exceção de, exceto

butter - manteiga

button - botão

buy - comprar

by - por

cabinet - gabinete

call - chamar

calm - calma

camera - câmera

camp - campo

campaign - campanha

can - poder

cancel - cancelar

capture - capturar

car - carro

card - carta; cartão

care - cuidar

carriage - carro, carruagem, carreta

carry - levar, transportar

case - caixa, estojo

cash - dinheiro

cat - gato; felino

catch - apanhar, capturar; apreender; apanhar em determinada situação, surpreender

cause - causa / causar

celebrate - louvar, exaltar; aclamar; celebrar, comemorar

cell - cela; célula; alvéolo

center - centro

century - século

ceremony - cerimônia

certain - convencido, convicto; certo; seguro; exato; determinado; infalível; indubitável; indiscutível

chain - cadeia, corrente

chair - cadeira; assento; cátedra; presidência ou presidente de assembleia, organização etc.

chairman - presidente, diretor (de assembleia, organização etc.)

challenge - desafio; contestação, objeção / desafiar; questionar, contetar

champion - campeão; paladino, defensor

chance - chance; oportunidade, possibilidade; eventualidade; acaso, casualidade

change - mudança, modificação, alteração; câmbio, conversão (de moeda); troco; / mudar, modificar, alterar

channel - canal

character - caráter; personalidade, índole; qualidade, característica; personagem

charge - carga; acusação; incumbência / carregar; acusar; encarregar, incumbir

chart - mapa; quadro, gráfico

chase - perseguição / perseguir, ir no encalço

cheap - barato, de pouco valor; de baixa qualidade, inferior, vulgar

check - xeque (xadrez); cheque (bancário); controle, conferência, supervisão, inspeção, fiscalização / pôr em xeque; conferir, controlar, aferir, fiscalizar, inspecionar

cheer - alegria, regozijo, contentamento / alegrar-se, animar-se; alegrar, animar, estimular, incentivar

cheese - queijo

chemical - substância química

chest - peito, tórax, caixa torácica

chief - chefe, comandante, líder / principal, mais importante

child - criança

choose - escolher

church - igreja

circle - círculo

citizen - cidadão

city - cidade

civilian - civil

claim - reivindicar, pleitear

clash - choque, conflito

class - classe

clean - limpo; asseado; puro, imaculado; inocente, livre de culpa

clear - claro, luminoso; limpo, límpido; nítido, distinto; evidente, patente; inocente, honesto; livre, desobstruído

climate - clima, condições meteorológicas; atmosfera, ambiente

climb - escalar, galgar; ascender

clock - relógio; medidor, contador

close - fechar

cloth - roupa

cloud - nuvem

coal - carvão

coast - costa

coat - casaco; paletó; sobretudo; revestimento; demão

code - código

cold - frio

collect - coletar, coligir

college - faculdade; colégio; agremiação

colony - colônia

color - cor

combine - combinar

come - vir

comfort - consolar

command - ordem

comment - comentário; comentar

committee - comitê

common - comum

communicate - comunicar

community - comunidade

company - companhia; empresa

compare - comparar

compete - competir

complete - completar, terminar

compromise - conciliar, chegar a acordo, transigir, contemporizar, resolver fazendo concessões, chegar a um meio-termo; comprometer, expor a descrédito

computer - computador

concern - interesse, preocupação; interessar, preocupar

condemn - condenar

conference - conferência

confirm - confirmar

congratulate - cumprimentar, felicitar

congress - congresso

connect - conectar

consider - considerar

contact - contato; contatar

contain - conter

continue - continuar

controle - controlar

cook - cozinhar

cool - frio, fresco

cooperate - cooperar

copy - cópia

cork - cortiça, rolha

corn - milho

corner - canto, esquina
correct - correto
cost - custo; custar
cotton - algodão
count - contar
country - pais
course - curso
court - tribunal
cover - cobrir
cow - vaca
crash - colisão, choque, batida; queda estrondosa; desastre; estrondo / colidir; espatifar; desabar; quebrar; entrar em colapso
create - criar
credit - crédito
crew - tripulação
crime - crime
criminal - criminoso
crisis - crise
criteria - critérios
criticize - criticar
crop - safra, colheita
cross - cruz
crowd - grande grupo, aglomeração
crush - esmagar
cry - gritar
culture - cultura

cup - copa
cure - cura; curar
current - atual
custom - costume
cut - cortar
damage - dano, prejuízo / prejudicar, causar dano
dance - dança / dançar
danger - perigo, risco
dark - escuro
date - data / datar, fixar data
daughter - filha
day - dia
dead - morto
deaf - surdo
deal - acordo, pacto; parte, parcela / negociar; tratar; lidar com
dear - querido
debate - debate, discussão / debater, discutir
debt - dívida
decide - decidir
declare - declarar
decrease - diminuição, decréscimo / diminuir
deep - profundo
defeat - derrota / derrotar
defend - defender

define - definir

degree - grau

delay - demora, atraso

deliver - entregar; distribuir; proferir; libertar

demand - demanda, exigência, requerimento, necessidade / exigir, demandar, requerer

demonstrate - demostrar

denounce - denunciar

deny - negar

departure - partida, saída

depend - depender

deploy - dispor, preparar, aparelhar

depression - depressão

describe - descrever

desert - deserto, despovoado; árido / desertar, abandonar

design - projeto, desenho, modelo / projetar, desenhar; planejar, ter intenção de; destinar a, designar

desire - desejo / desejar

destroy - destruir

detail - detalhe

develop - desenvolver

device - dispositivo, aparelho

die - morrer

diet - dieta

differ - diferir

difficult - difícil

dig - cavar, escavar

dinner - jantar

diplomat - diplomata

direct - direto; dirigir, conduzir; administrar, gerir

dirt - sujeira

disappear - desaparecer

discover - descobrir

discuss - discutir

disease - doença, enfermidade

disk - disco

dismiss - despedir, demitir; rejeitar, repudiar, descartar

dispute - disputa; discussão, controvérsia, polêmica / disputar, competir; debater, discutir; contestar, questionar

distance - distância

divide - dividir

do - fazer

doctor - médico

document - documento / documentar

dog - cão

door - porta

doubt - dúvida / duvidar

down - baixo, parte mais baixa; baixa, queda / descendente,

orientado para baixo/ abaixo, embaixo, para baixo, em posição inferior / descer, baixar

drain - dreno / drenar

draw - desenhar, traçar, delinear; tirar, extrair

dream - sonho / sonhar

dress - vestido; traje / vestir

drink - bebida / beber

drive - passeio; impulso, ímpeto / dirigir; conduzir; impelir

drop - gota, pingo; queda / cair

drug - droga / drogar(-se)

dry - seco / secar

during - preposição durante

dust - pó, poeira

duty - dever

each - pronome cada

ear - ouvido, orelha

early - cedo

earn - ganhar

earth - terra

east - leste

easy - fácil

eat - comer

edge - borda, extremidade

education - educação

effect - efeito / realizar, executar

effort - esforço

egg - ovo

either - qualquer, um ou outro

elastic - elástico

electricity - eletricidade

element - elemento

else - outro, outra coisa

embassy - embaixada

emergency - emergência

emotion - emoção

employ - emprego, serviço; uso, aplicação / empregar; usar, aplicar; dedicar-se

empty - vazio / esvaziar

end - fim / final / terminar, acabar, parar

enemy - inimigo

enforce - obrigar, forçar, impor

engine - motor

enjoy - apreciar; desfrutar

enough - bastante, suficiente

enter - entrar

entertain - entreter

environment - ambiente

equal - igual / igualar

equate - igualar, equiparar

equipment - equipamento

erase - apagar

escape - fuga, evasão, saída / fugir, escapar

especially - especialmente

establish - estabelecer

estimate - estimar, avaliar, calcular

ethnic - étnico

evaporate - evaporar

even - igual, nivelado, plano, liso; quite / até, mesmo / igualar, nivelar, compensar

event - acontecimento

ever - sempre; jamais, nunca; já, alguma vez

every - cada; todo, todos

evidence - evidência

evil - mal, maldade / mau, malvado, nocivo

exact - exato

example - exemplo

except - exceto, com exceção de / a não ser que, a menos que

exchange - troca, permuta, câmbio / trocar

excuse - desculpa, perdão; justificativa; pretexto / desculpar, perdoar; justificar

execute - executar

exercise - exercício

exist - existir

exit - saída

expand - expandir

expect - esperar; presumir

expense - despesa, gasto, custo

experience - experiência / experimentar; vivenciar, sofrer

experiment - experimento

expert - especialista, perito, conhecedor

explain - explicar

explode - explodir

explore - explorar, investigar

export - exportação / exportar

express - expresso / claro, categórico, explícito / expressar, manifestar, externar

extend - estender

extra - extra, adicional, suplementar

extreme - extremo

eye - olho

face - rosto

fact - fato

factory - fábrica

fail - falha; falta / fracasar, falhar, deixar de

fair - feira / justo; claro, límpido

fall - queda / cair

false - falso

family - família

famous - famoso
far - longe
fast - rápido
fat - gordo
father - pai
fear - medo, temor, receio
feather - pena, pluma
feature - característica
feed - alimentar
feel - sentir
female - fêmea / feminino
fertile - fértil
few - poucos
field - campo; área, esfera de atividade
fierce - feroz, violento, impetuoso
fight - luta, briga / lutar
figure - figura, imagem, ilustração; cifra, número / figurar, imaginar, formar uma imagem mental
file - pasta, arquivo; arquivar
fill - encher, preencher
film - filme
final - final
finance - finança
find - encontrar
fine - fino, refinado, excelente; bom; agradável

finger - dedo
finish - terminar
fire - fogo
firm - firma
first - primeiro
fish - peixe
fist - punho
fit - ajuste, encaixa; talhe, feitio / adequado, conveniente, apropriado / ajustar, adaptar, adequar
fix - fixar, firmar; consertar
flag - bandeira
flat - plano, chato
float - bóia, colete salva-vidas / flutuação / flutuar, boiar
floor - piso, chão
flow - fluxo / fluir
flower - flor
fluid - líquido, fluido
fly - vôo; mosca / voar
fog - neblina
fold - dobra / dobrar
follow - seguir
food - comida, alimento
fool - tolo / fazer de tolo; enganar, burlar
foot - pé
for - para; por

forbid - proibir

force - obrigar, forçar

foreign - estrangeiro

forest - floresta, mata, bosque

forget - esquecer

forgive - perdoar

form - forma / formar

former - anterior

forward - adiante, à frente, dianteiro

frame - estrutura, armação; quadro / inventar, conceber; enquadrar, adaptar

free - livre

freeze - resfriar, congelar

fresh - fresco; novo, recente

friend - amigo

frighten - amedrontar, assustar, intimidar

from - de; proveniente de; desde; a partir de; com base em

front - frente

fruit - fruta

fuel - combustível

full - cheio, repleto; inteiro, total

fun - diversão, divertimento / divertido, engraçado

future - futuro

gain - ganho, lucro / ganhar, lucrar

gallon - galão

game - jogo

gang - gangue, bando, turma

garden - jardim

gas - gás

gather - reunir, agrupar

general - geral

gentle - suave, brando; dócil; gentil, amável

get - conseguir, obter; receber, ganhar; tornar-se

gift - presente, dádiva

girl - garota

give - dar

glass - vidro; copo

global - global

go - ir

goal - meta, objetivo

god - deus

gold - ouro

good - bem / bom

govern - governar

grass - grama; capim; pasto

great - grande; importante; poderoso

green - verde

grey - cinza

ground - chão, solo; base / fundamentar, basear

group - grupo
grow - crescer; desenvolver
guarantee - garantia
guard - guarda, sentinela / guardar, proteger
guess - suposição, conjectura / adivinhar; conjeturar
guide - guia / guiar, conduzir
guilty - culpado
gun - arma de fogo
guy - rapaz; sujeito
hair - cabelo, pelo
half - metade, meio
halt - parada, descanso / parar; fazer parar
hand - mão
hang - pendurar
happen - acontecer, ocorrer
happy - feliz
hard - duro, sólido, rígido; difícil
hat - chapéu
hate - odiar, detestar
have - ter
he - ele
head - cabeça
heal - curar
health - saúde
hear - ouvir
heart - coração
heat - calor
heavy - pesado
help - ajudar; evitar
her - ela
here - aqui
hers - dela; seu, seus, sua, suas
hide - esconder
high - alto
hijack - sequestrar
hill - colina
him - ele
hire - alugar
his - dele; seu, seus, sua, suas
history - história
hit - golpe, pancada / golpear, atingir
hold - preensão, pega; influência / pegar, segurar; reter; deter; prender
hole - buraco, cova, furo, orifício
holiday - feriado
hollow - oco
holy - santo
home - casa, lar
honest - honesto
hope - esperança
horrible - horrível
horse - cavalo

hospital - hospital
hostage - refém
hostile - hostil
hot - quente
hour - hora
house - casa
how - como
however - entretanto
huge - grande, enorme
human - humano
humor - humor
hunger - fome
hunt - caça, caçada / caçar
hurry - pressa / apressar-se
hurt - ferida; dano, prejuízo / ferir, machucar; prejudicar
husband - marido
I - eu
ice - gelo
idea - ideia
identify - identificar
if - se
ill - mal, enfermidade / doente, enfermo, indisposto; ruim
imagine - imaginar
import - importação; produto importado / importar
important - importante

improve - melhorar, aprimorar
in - em
inch - polegada
incident - incidente
include - incluir
increase - aumento, crescimento, incremento / aumentar
independent - independente
indicate - indicar
individual - indivíduo
industry - indústria
infect - infectar
influence - influência
inform - informar
inject - injetar
injure - ferir
innocent - inocente
insane - insano, louco
insect - inseto
inspect - inspecionar
instead - em vez de
insult - insulto / insultar
insurance - seguro
intelligence - inteligência
intense - intenso
interest - interesse / interessar
interfere - interferir
international - internacional

into - em
invade - invadir
invent - inventar
invest - investir
investigate - investigar
invite - convidar
involve - envolver
iron - ferro
island - ilha
issue - tópico, questão / emitir, publicar
it - o, a, ele, ela, isso
item - item
its - seu, sua, seus, suas, dele, dela
jacket - jaqueta, paletó
jail - prisão, cadeia
jewel - jóia
job - trabalho, emprego
join - unir, ligar, juntar; participar
joint - junta, junção / comum, conjunto
joke - piada, gracejo, pilhéria, brincadeira / gracejar, brincar
joy - alegria, contentamento, regozijo
judge - juiz / julgar; opinar; decidir
jump - salto, pulo / saltar, pular
jury - júri
just - apenas, somente; precisamente; quase, por pouco

keep - manter
key - chave
kick - chute / chutar
kid - criança, garoto
kill - matar
kind - tipo, espécie / gentil, amável, bondoso
king - rei
kiss - beijo / beijar
kit - conjunto de instrumentos, jogo de peças
kitchen - cozinha
knife - faca
know - saber, conhecer
labor - trabalho
lack - falta, carência, deficiência / faltar, carecer
lake - lago
land - terra; terreno; região
language - língua, idioma
large - grande
last - último
late - tarde
laugh - riso, risada / rir
law - lei; direito
lay - por, colocar; depositar; deitar, estender
lead - comando, liderança / conduzir, guiar, liderar, orientar

leak - vazamento, goteira / vazar, escoar

learn - aprender

least - o mínimo [at least – ao menos]

leave - partida, despedida; licença / deixar, abandonar; partir, sair, retirar-se

left - esquerda

leg - perna

legal - legal, lícito

lend - emprestar

length - comprimento

less - menos

let - deixar, permitir

letter - carta

level - nível

lie - mentir

lie - mentira / mentir; estar, jazer

life - vida

lift - levantamento, elevação; ascensor / erguer, levantar, suspender

light - luz, claridade, brilho / iluminar, acender

like - semelhante, similar / como / característico de, ao estilo de / gostar

limit - limite

line - linha

link - elo, vínculo, ligação / ligar, conectar

lip - lábio

liquid - líquido

list - lista, rol / listar, arrolar

listen - ouvir, escutar

little - pouco, pequeno

live - vivo / viver

load - carga / carregar; cumular

loan - empréstimo / emprestar

local - local

locate - localizar

lock - fechadura / fechar, trancar

log - tronco

lone - só, solitário; desabitado

long - longo, extenso, comprido / por longo período / almejar, ansiar

look - olhar, modo de olhar, observar

loose - frouxo; solto / soltar; afrouxar

lose - perder

lot - grande quantidade

loud - ruidoso, barulhento / em voz alta

love - amor / amar

low - baixo

luck - sorte; acaso

mail - correio

main - principal

major - importante; maior

make - fazer

male - macho; homem / masculino

man - homem

manufacture - manufatura, fabricação / manufaturar, fabricar, produzir

many - muitos

map - mapa

march - marcha / marchar

mark - marca, sinal / marcar

market - mercado

marry - casar

master - mestre / dominar

match - par, parelha; correspondente / competição, jogo, partida / palito de fósforo / emparelhar, equiparar; unir; combinar

material - matéria, material

matter - matéria, substância; assunto, tópico; importância / importar, significar

may - poder, ser possível; ter permissão

mayor - prefeito

me - me, mim

meal - refeição

mean - malvado, maldoso / [means (plural) – meios, recursos] / significar, pretender, tencionar; destinar

measure - medida / medir

meat - carne

media - mídia, meios de comunicação

meet - encontrar; reunir-se

member - membro

memory - memória

mental - mental

mercy - piedade, compaixão, misericórdia

message - mensagem

metal - metal

method - método

middle - meio, centro

might - poder, força

mile - milha

military - exército / militar

milk - leite

mind - mente

mine - mina

minister - ministro

minor - menor / menor de idade

miscellaneous - misto, variado

miss - senhorita / falha, erro / errar; perder; não notar, não entender; sentir falta

mistake - erro, engano, equívoco / enganar-se, equivocar-se

mix - mistura

mob - turba, multidão

model - modelo, molde

moderate - moderado

modern - moderno

money - dinheiro

month - mês

moon - lua

moral - moral, moralidade; princípio moral, conclusão moral, máxima / [morals (plural) – costumes] / moral, virtuoso

more - mais

morning - manhã

most - a maior parte, a maioria; mais, máximo

mother - mãe

motion - movimento

mountain - montanha

mouth - boca

move - mover

much - muito

murder - assassinar

muscle - músculo

music - música

must - obrigação, dever, ter de; ser preciso que

my - meu, meus, minha, minhas

mystery - mistério

nail - unha

name - nome

narrow - estreito /estreitar, limitar, restringir

nation - nação

native - nativo

navy - marinha de guerra

near - perto, próximo

necessary - necessário

neck - pescoço

need - necessidade / precisar, necessitar

neighbor - vizinho

neither - nem / tampouco / nenhum; nem um nem outro

nerve - nervo

neutral - neutro

never - nunca

new - novo

news - notícias

next - próximo

nice - bonito, belo; agradável; amável, bondoso; satisfatório; refinado

night - noite

no - não

noise - ruído, barulho

noon - meio-dia

normal - normal

north - norte

nose - nariz

not - não

note - nota / anotar; notar, observar

nothing - nada

notice - observação, reparo; atenção / notar, perceber, reparar

now - agora

nowhere - em lugar algum

number - número

obey - obedecer

object - objeto

observe - observar

occupy - ocupar

occur - ocorrer, acontecer; lembrar; vir à mente

of - de

off - desligado; cancelado / fora de, ausente

offensive - ofensiva, ataque / ofensivo, afrontoso; agressivo

offer - oferta; proposta / oferecer

office - escritório, gabinete

officer - oficial, funcionário público

often - com frequência, muitas vezes

oil - óleo; azeite; petróleo

old - velho, antigo

on - em, sobre

once - uma vez, certa vez / uma vez que

only - apenas, somente

open - aberto / abrir

operate - operar, funcionar

opinion - opinião

opportunity - oportunidade

opposite - oposto, contrário

oppress - oprimir

or - ou

order - ordem / ordenar

organize - organizar

other - outro

ounce - onça

our - nosso

ours - nossos

oust - despejar, expulsar; desapossar

out - fora

over - terminado, acabado, concluído / em cima, acima, sobre; a mais; em excesso; completamente; do início ao fim; excessivamente; novamente;

owe - dever, ter dívida

own - ter, possuir

page - página

pain - dor

paint - pintar

pan - panela

pants - calças

paper - papel

parade - parada, desfile

parcel - pacote, embrulho; parcela, porção / empacotar, embrulhar; parcelar, lotear

parent - pai ou mãe [parents (plural) – pais (pai e mãe)]

parliament - parlamento

part - parte, pedaço; peça, elemento; função; papel (do ator em artes cênicas); partir, dividir; separar

party - partido político; grupo; festa

pass - passagem; passe; condição, situação / passar, transpor; transferir; abster-se, deixar passar

passenger - passageiro

past - passado

paste - pasta, massa / colar, grudar; transferir um conteúdo

path - caminho, via

patient - paciente

pattern - padrão, modelo; configuração; estampa

pay - pagamento, remuneração, retribuição / pagar, remunerar, recompensar

peace - paz

pen - caneta

pencil - lápis

people - o povo; as pessoas; os parentes de alguém

percent - porcentagem / por cento

perfect - perfeito / aperfeiçoar

perform - atuar, desempenhar

perhaps - talvez

period - período

permanent - permanente

permit - permissão, licença, passe / permitir, autorizar

person - pessoa

physical - físico

pick - escolha, seleção / escolher, selecionar

picture - imagem; fotografia; retrato; ilustração; quadro; cena

piece - peça, parte, pedaço

pig - porco

pilot - piloto

pint - pinta (medida de capacidade)

pipe - cano, tubo; pipa, barril, tonel

place - lugar, local / colocar, dispor

plain - planície / plano, liso; claro, explícito, óbvio; simples, comum; franco, sincero

plan - plano, projeto / planejar

plane - avião

plant - planta, vegetal; fábrica; instalação; plantar

plastic - plástico

plate - placa; chapa; prato

play - jogo, partida; brincadeira; peça (artes cênicas) / jogar; brincar; representar, desempenhar

please - por favor, por gentileza / agradar, contentar

plenty - abundância, profusão / abundante, muito, de sobra

pocket - bolso

point - ponto / apontar; aguçar; indicar, mostrar; salientar

poison - veneno

policy - política, norma de conduta; apólice de seguro

politics - política

pollute - poluir, contaminar

poor - pobre [the poor – os pobres]; miserável; coitado; escasso; ruim, de má qualidade

popular - popular

port - porto; porte; portal

position - posição

possess - possuir

possible - possível

postpone - adiar, postergar

potato - batata

pound - libra

pour - verter, despejar, entornar, derramar; emitir, expelir; fluir; chover

powder - pó; pólvora / polvilhar

power - poder; potência; energia elétrica

practice - prática / praticar

praise - louvor, exaltação; aplauso, elogio / louvar, exaltar; elogiar

pray - rezar, orar

pregnant - grávida

present - presente, atualidade / apresentar

press - pressão; prensa; imprensa, mídia / pressionar

pretty - bonito; bom / consideravelmente; bastante

prevent - impedir; evitar

price - preço

print - imprimir

prison - prisão

private - privado, particular

prize - prêmio / estimar, avaliar; valorizar; louvar, elogiar

problem - problema

process - processo / processar

product - produto

professor - professor

profit - lucro, proveito / lucrar, tirar proveito de

program - programa

progress - progresso / progredir

project - projeto / projetar

property - propriedade

propose - propor

protect - proteger

protest - protestar

prove - provar, comprovar; demonstrar, evidenciar; testar, experimentar

provide - fornecer, proporcionar

public - público

publish - publicar

pull - puxar; tirar; extrair

punish - punir, castigar

purchase - compra, aquisição / comprar, adquirir

pure - puro

purpose - propósito, desígnio, intento

push - empurrar

put - por, colocar

quality - qualidade

quart - quarto de galão (medida de capacidade)

quarter - quarto, quarta parte; quadrante; quartel

queen - rainha

question - questão, pergunta; questão, tópico, tema / questionar

quick - rápido

quiet - quieto, calmo, tranquilo

quit - desistir; renunciar, abdicar; abandonar, deixar, partir

quite - completamente, totalmente; muito [not quite – não exatamente, não de todo]

race - corrida, disputa, competição

radiation - radiação

raid - ataque surpresa, assalto, investida; incursão / invadir; fazer incursão

rail - balaústre; corrimão; trilho (de estrada de ferro); estrada de ferro

rain - chuva / chover

raise - aumento, elevação / erguer, levantar, elevar

range - âmbito, esfera de ação; extensão; alcance; abrangência; fileira, ordem, série

rare - raro

rate - índice, taxa

rather - antes, pelo contrário; melhor, preferivelmente

ray - raio

reach - alcance / alcançar

react - reagir

read - ler

ready - pronto, preparado / já, prontamente

real - real, verdadeiro

reason - razão / raciocinar; argumentar

receive - receber

recognize - reconhecer

record - registro / registrar

recover - recuperar

red - vermelho

reduce - reduzir

refugee - refugiado

refuse - recusar, negar, rejeitar

regret - pesar; remorso, arrependimento / arrepender-se; lamentar

regular - regular, comum

reject - rejeitar

relation - relação

release - liberação; libertação; licença, concessão [press release - declaração informativa entregue à imprensa para publicação, geralmente por parte de órgão público] / liberar; libertar

remain - continuar, permanecer, persistir; sobrar, restar

remember - lembrar, recordar

remove - remover, retirar

repair - conserto, reparo / reparar, consertar

repeat - repetir

report - relatório, informação / relatar, informar, comunicar

represent - representar

request - pedido, requerimento / pedir, solicitar, requerer

require - requerer; solicitar; exigir

rescue - resgate, salvamento / resgatar, socorrer

research - pesquisa / pesquisar

resign - resignar-se; renunciar; demitir-se

resist - resistir

resolution - resolução

resource - recurso

respect - respeito / respeitar

responsible - responsável

rest - descanso / descansar

restrain - restringir, limitar, conter

result - resultado / resultar

retire - retirar-se; aposentar-se

return - retorno / retornar, regressar

revolt - revolta, rebelião / revoltar-se

reward - recompensa / recompensar

rice - arroz

rich - rico

ride - passeio; condução, meio de transporte; trajeto, percurso; viagem

right - direito, prerrogativa / direita, lado direito / direita (posição política) / direito, certo, correto; justo

ring - anel, argola / arena; ringue / som de campainha / soar, ressoar, retinir

riot - tumulto, desordem

rise - ascensão, elevação / subir; aumentar; levantar, elevar

risk - risco / arriscar

river - rio

road - estrada

rob - roubar

rock - rocha, pedra

rocket - foguete

roll - rolo; cilindro; lista, rol / rolar; enrolar; girar; ondular

roof - telhado; teto; abrigo / abrigar

room - quarto; aposento, cômodo; espaço, vaga; oportunidade, ensejo

root - raiz

rope - corda

rough - esboço; bruto; cru; rústico; áspero; rude; árduo, penoso, difícil

round - redondo / rodear, contornar, circundar

row - fileira, série, fiada, carreira / enfileirar

rub - esfregar, friccionar

rubber - borracha

ruin - ruína / arruinar

rule - regra, norma; controle, domínio / governar; dominar; ordenar, mandar

run - corrida / período, duração, decurso / correr / conduzir, gerir / funcionar, operar

sad - triste; péssimo

safe - cofre / seguro

sail - vela (de barco) / velejar

salt - sal / salgado / salgar

same - mesmo, mas; igual

sand - areia

satisfy - satisfazer

save - salvar; resguardar, proteger; recolher, armazenar; economizar, poupar; prevenir; livrar

say - dizer

scale - escama; prato de balança; escala, gradação

scare - assustar

school - escola

science - ciência

score - pontuação / marcar; marcar pontos

script - escrita; manuscrito; roteiro de filme

sea - mar, oceano

search - procura, busca; pesquisa / procurar; investigar

season - estação (do ano); período, temporada

seat - assento (lugar para sentar) / assentar

second - segundo

secret - segredo / secreto

section - seção

security - segurança

see - ver

seed - semente

seek - procurar, buscar; tentar obter, empenhar-se por

seem - parecer

seize - pegar, apanhar; capturar; apreender; confiscar

seldom - raramente

self - o eu; a própria pessoa; si, si mesmo

sell - vender

senate - senado

send - enviar

sense - senso, sentido; sentimento, sensação; percepçãp; apreensão; juízo, razão; sentido, significado; sentir; perceber; apreender

sentence - sentença, decisão; sentença, frase

separate - separado, isolado / separar

series - série

serious - grave, sério; importante

serve - servir

set - logo, grupo, coleção; cenário / estabelecido, determinado / por, colocar; assentar; dispor, arranjar, arrumar; ajustar, regular; estabelecer, determinar; firmar, solidificar

settle - estabelecer, determinar; fixar residência; instalar-se; casar-se; determinar, decidir; chegar a um acordo, ajustar; solidificar, endurecer

several - vários

severe - severo

sex - sexo

shade - sombra; tonalidade, nuança

shake - agitação; abalo; terremoto / agitar, sacudir; abanar; tremer, estremecer

shame - vergonha / envergonhar

shape - forma; figura; aspecto / moldar, modelar, dar ou tomar forma

share - parte, quota; ação (título, documento) / compartilhar; participar; dividir, repartir

sharp - afiado, aguçado, agudo; acentuado; nítido

she - ela

sheet - lençol; folha de papel; chapa, lâmina

shelf - prateleira, estante

shell - concha; casca; cápsula, invólucro, cartucho

shelter - abrigo, refúgio, proteção / proteger, abrigar

shine - brilho / brilhar

ship - navio, embarcação

shirt - camisa, camiseta

shock - choque, impacto, colisão; choque, colapso; choque elétrico / chocar, colidir; chocar, escandalizar

shoe - sapato

shoot - disparar, atirar, alvejar; atingir com disparo de arma de fogo; fotografar; mover velozmente; lançar (esporte)

shop - loja; oficina / fazer compras

short - curto

should - pretérito do verbo to shall; usado para expressar o condicional junto com outros verbos, ou também para expressar dever, obrigação

shout - grito / gritar

show - espetáculo; exibição; aparência, aspecto / mostrar, exibir, apresentar; revelar; aparecer

shrink - encolher

shut - fechar

sick - doente, enfermo; indisposto; enjoado, nauseado

side - lado / lateral

sign - sinal; indicação; marca; placa; símbolo; indício, vestígio; signo/ assinar; assinalar; gesticular

signal - sinal; aviso; indício / sinalizar

silence - silêncio

silk - seda

silver - prata / prateado

similar - similar

simple - simples

since - desde / já que, uma vez que

sing - cantar

single - só; avulso; individual; singular, único; solteiro

sister - irmã

sit - sentar; ocupar assento em assembleia; reunir-se em assembleia

situation - situação

size - porte, tamanho, dimensão

skill - habilidade

skin - pele; couro

skirt - saia; orla, borda

sky - céu

slave - escravo

sleep - dormir

slide - deslizar

slip - escorregadela; deslize; lapso; queda; tira estreita / es-

corregar, deslizar, resvalar; esquivar, escapulir; imiscuir;

slow - lento, vagaroso / reduzir a velocidade

small - pequeno

smart - inteligente, esperto; vívido

smash - esmagar

smell - cheiro, odor; olfato / cheirar, perceber ou tentar perceber através do olfato; emitir odor; feder

smile - sorriso / sorrir

smoke - fumaça / fumar; esfumaçar; fumigar; defumar

smooth - macio; suave; brando; calmo; liso / suavizar; acalmar; alisar

snack - petisco

snake - cobra, serpente

sneeze - espirro / espirrar

snow - neve / nevar

so - tão, em tal grau; assim, deste modo; muito; então, portanto; igualmente, também; aproximadamente

soap - sabão / ensaboar

social - social

society - sociedade

soft - macio, suave; mole, flexível; brando

soil - solo, terra

soldier - soldado

solid - sólido

solve - resolver, solucionar; dissolver

some - algum, alguns

son - filho

song - música, canção

soon - logo, em breve; cedo

sorry - pesaroso; arrependido / (usado como pedido de desculpas)

sort - tipo, espécie, qualidade / separar; selecionar; classificar

soul - alma

sound - som

south - sul

space - espaço

speak - falar

special - especial

speech - fala; discurso

speed - velocidade, rapidez / acelerar

spell - feitiço; período, turno / soletrar; formar palavras (as letras); significar, equivaler; render, substituir em serviço

spend - gastar, despender

spirit - espírito

spot - mancha; marca; ponto, lugar, local / manchar

spread - difusão, propagação, proliferação; expansão; extensão

/ disseminar, difundir, alastrar; espalhar, distribuir; expandir; estender; esticar; desdobrar

spring - primavera; mola; pulo, salto; fonte d'água, nascente / saltar, pular; jorrar, manar; brotar; provir

spy - espião / espionar

square - quadrado; praça, quadra

stage - palco; tablado; estágio, etapa; degrau / encenar; simular

stairs - escada

stamp - selo; marca; carimbo; sinete; sinal / gravar, estampar, imprimir

stand - parada; posição, posto; estande; estrado, tribuna; base, suporte / parar; estar ou manter-se de pé; situar-se; estar situado ou posicionado; permanecer, resistir, suportar

star - estrela

start - partido; começo, início / começar, dar início; provocar, originar

starve - morrer de fome; sentir fome

state - estado, condição; Estado; nação; governo; divisão territorial de um país / estatal; estadual / declarar, dizer, enunciar; formular; fixar, determinar, especificar

station - lugar, posto, posição; estação, ponto de parada; edificação equipada; estação de rádio

status - estado, condição, situação; posição social

stay - permanência, estada; paralização, impedimento / ficar, permanecer; parar, suspender, impedir

steal - roubo, furto / roubar, furtar

steam - vapor; exalação; névoa; (informal) potência, ímpeto, energia, vigor / movido a vapor; relativo a vapor / exalar vapor; fumegar; evaporar; vaporizar

steel - aço

step - passo; degrau / andar, dar um passo; pisar; graduar

stick - graveto; vara; bastão / espetar, furar; fincar; colar, grudar, pregar, aderir; aferrar-se, persistir

still - quietude / quieto, calmo, tranquilo; parado, imóvel, estático / ainda, até agora, até então; todavia, entretanto, contudo

stomach - abdômem, barriga; estômago

stone - pedra

stop - parar

store - loja

storm - tempestade

story - história

straight - todo certo

strange - estranho

stream - corrente

street - rua

stretch - esticar

strike - greve
string - colgar
strong - forte
structure - estrutura
struggle - lutar
student - estudante
study - estudar
stupid - estúpido
subject - tema
substance - substância
substitute - substituto / substituir
succeed - ter êxito, ter sucesso; suceder, seguir
such - tal / tão
sudden - repentino, súbito
suffer - sofrer, experimentar; suportar, tolerar
sugar - açúcar
suggest - sugerir
suit - terno, traje; processo judicial; naipe de baralho; jogo, conjunto / vestir; adaptar, ajustar; servir; ser apropriado, conveniente; combinar com; agradar, satisfazer
summer - verão
sun - sol
supervise - supervisionar
supply - suprimento, provisão; fornecimento, oferta / suprir, prover, fornecer, abastecer

support - apoio, suporte; auxílio; sustento / sustentar, apoiar; defender; corroborar
suppose - supor
suppress - suprimir, anular, conter, reprimir
sure - seguro, confiante, convencido, convicto; garantido, infalível; indubitável / certamente, com certeza
surface - superfície / emergir, vir à tona
surprise - surpresa / surpreender
surround - rodear
survive - sobreviver
suspect - suspeito (substantivo) / suspeitar
suspend - suspender
swallow - gole, trago; garganta, esôfago / engolir, tragar, sorver
swear - praga, imprecação, blasfêmia / jurar, prestar juramento; prometer; fazer jurar; asseverar, assegurar; praguejar, xingar, proferir palavrões
sweet - doce / doce; amável, meigo
swim - nado, ato de nadar / nadar
symbol - símbolo
sympathy - empatia, solidariedade; compaixão; afinidade
system - sistema
table - mesa

tail - rabo, cauda

take - tomar, pegar; agarrar, apanhar, segurar; capturar, conquistar; apreender; aprisionar; apoderar-se de; apanhar, surpreender; contrair, ser acometido por; comer, beber, tomar; empregar, admitir; acolher, receber; tomar, aceitar, assumir

talk - fala; palestra; discurso; conversa / falar

tall - alto

target - alvo

task - tarefa

taste - gosto, sabor, paladar / experimentar, provar; degustar

tax - imposto, tributo

tea - chá

teach - ensinar

team - time, equipe

tear - lágrima; rasgo, ruptura / romper, rasgar, dilacerar

tell - contar, dizer, narrar, relatar, informar; declarar; revelar; afirmar, garantir; expressar, exprimir

term - termo, palavra, expressão; fim, término, conclusão; período, duração; prazo / designar, denominar; qualificar

terrible - terrível

territory - território

terror - terror

test - teste; prova; experimento; exame / testar, submeter a teste, pôr à prova; aplicar teste; conduzir experimento; analisar; realizar exame em

than - que, do que; de

thank - [thanks (plural) – agradecimento] / agradecer

that - esse, essa, isso, aquele, aquela, aquilo / que, o que / tal / para que, a fim de que

the - o, a, os, as

theater - teatro; cinema

their - seu/sua (deles ou delas), seus/suas (deles ou delas)

theirs - seu, sua, seus, suas, deles, delas

them - eles, elas; lhes, a eles, a elas

then - então; tempo, ocasião determinada / então, nessa/naquela ocasião; depois, em seguida / então, nesse caso; portanto, por conseguinte

theory - teoria

there - lá, ali

these - estes, estas

they - eles, elas

thick - espesso, grosso; denso

thin - fino, delgado; ralo, esparso; esguio, magro; pouco consistente, pouco denso

thing - coisa

think - pensar

third - terceiro

this - este, esta, isto

those - esses, essas; aqueles, aquelas

though - embora, ainda que

thought - pensamento

threaten - ameaçar

through - direto, sem interrupção; contínuo, de ponta a ponta; que terminou ou concluiu algo; por, através; por meio de; completamente, inteiramente, do começo ao fim

throw - lançamento, arremesso / arremessar, atirar, lançar

thus - assim, desse modo; portanto, por conseguinte

tie - laço, nó; gravata; laço, vínculo, ligação / atar, amarrar; ligar, vincular

tight - justo, estreito, apertado; tenso, esticado; impermeável, hermético / firmemente, fortemente; hermeticamente

time - tempo

tin - estanho

tiny - minúsculo, diminuto

tired - cansado, fatigado, extenuado; farto, enfadado

title - título

to - a, para; a fim de; até; em direção a / (anteposto ao verbo, indica o infinitivo)

today - hoje

together - junto, juntamente, conjuntamente; junto, juntos; simultaneamente; seguidamente

tomorrow - amanhã

tone - tom; som; tom de voz; tônus, tonicidade

tongue - língua

tonight - esta noite, hoje à noite

too - também, igualmente; muito, demais, demasiado, excessivo

tool - ferramenta

tooth - dente

top - topo, cume, cimo; cima / superior, maior; primeiro; máximo

total - total

touch - toque; tato; estilo; sinal, vestígio, indício; aspecto, qualidade, quê / tocar, encostar; comover, enternecer, afetar

toward - para, rumo a, em direção a

town - cidade, vila

track - rastro, trilha, pista; trilha, caminho; trilho, linha férrea; rastrear, seguir a pista de; trilhar

trade - comércio / negociar, comerciar; trocar, permutar

tradition - tradição

traffic - tráfico; tráfego

train - trem, comboio / treinar, ensinar, instruir; treinar, exercitar-se

transport - transporte, condução; degredo, deportação, desterro; arrebatamento, entusiasmo, arroubo / transportar, conduzir; degredar, deportar, desterrar; arrebatar, entusiasmar

travel - viagem; jornada; percurso / viajar; deslocar-se; percorrer

treason - traição, deslealdade

treasure - tesouro; preciosidade / valorizar, estimar muito

treat - tratar, lidar com; medicar; tratar de um assunto

treaty - tratado, pacto, acordo

tree - árvore

trial - julgamento, processo; ensaio, tentativa, experimento, teste

tribe - tribo

trick - truque, artifício, artimanha; truque de mágica; embuste, trapaça; travessura / enganar, lograr, iludir; fazer truques de mágica; pregar peça

trip - viagem, passeio; tropeço / tropeçar

troop - tropa; grupo

trouble - problema, dificuldade, apuro, contratempo; desordem, distúrbio / perturbar, afligir, atormentar, preocupar

truck - caminhão

true - verdadeiro, real; autêntico, genuíno; fiel, leal

trust - confiança; cartel, monopólio / confiar, ter fé em, acreditar em

try - tentativa; experiência; teste / tentar; experimentar; testar

tube - tubo

turn - volta, giro, rotação; curva; desvio; vez, ocasião; turno; mudança, alteração; virada, reviravolta / girar, rodar; virar; desviar; virar, voltar-se; transformar-se; alterar, inverter [turn off – desligar, apagar, fechar / turn on – ligar, acender]

twice - duas vezes, duplamente

tyre - pneu

under - sob, embaixo / inferior; subordinado; insuficiente (algumas vezes pode ser substituído pelo prefixo "sub-")

understand - entender, compreender

unit - unidade

universe - universo

unless - a menos que, a não ser que

until - até / até que

up - para cima; ascendente; alto, elevado; acima; em cima; de pé, em pé; até o fim, completamente; em diante

upon - em, sobre (é equivalente a on, porém é mais formal e prevalece em certas expressões idiomáticas. Além disso, é usado para conferir ênfase ou para substituir on no final de orações.)

urge - desejo ardente, ânsia, impulso, necessidade / instar, insistir, exortar; impelir, incitar, instigar, incentivar; apressar; enfatizar

urgent - urgente

us - nós; nos

use - uso; prática; hábito; utilidade, serventia / usar; costumar; utilizar

valley - vale

value - valor; importância; mérito; préstimo, utilidade / valorizar, prezar, dar valor; avaliar, estimar

vary - variar

vegetable - vegetal, planta; legume; verdura

vehicle - veículo

version - versão

very - muito, extremamente / mesmo, próprio

veto - veto / vetar

vicious - mau, cruel; perverso, depravado; corrompido; defeituoso, imperfeito; vicioso, viciado

victim - vítima

victory - vitória

view - vista; visão; exame; olhar; perspectiva; opinião / ver, observar; examinar; considerar

violence - violência

visit - visita, comparecimento / visitar

voice - voz / expressar, exprimir

volume - volume

vote - voto / votar

wage - salário, ordenado

wait - espera, demora / esperar, aguardar

walk - caminhada, passeio; andar, modo de andar / andar; caminhar, passear; levar para passear; levar, conduzir; percorrer

wall - parede, muro

want - falta, carência, escassez; pobreza, privação, necessidade / querer, desejar; carecer de, ser desprovido de; necessitar, precisar; requerer

war - guerra

warm - quente, cálido, morno

warn - alertar, avisar, advertir

wash - lavagem / lavar; enxaguar; molhar

waste - desperdício; sobra, resto, resíduo, refugo; lixo; deserto, área erma, inculta / inútil, supérfluo; improdutivo; deserto, ermo, inculto, agreste, despovo-

ado; residual/ desperdiçar, gastar, perder, desgastar, consumir.

watch - relógio; vigilância, guarda / assistir, observar; ficar atento a; vigiar; espreitar; guardar, cuidar

water - água

wave - onda / ondular; tremular; abanar, agitar; acenar

way - caminho; rumo, direção; trajetória; distância; modo, maneira, método

we - nós

weak - fraco, débil

wealth - riqueza

weapon - arma

wear - roupa, traje, artigos de vestuário; moda / usar, vestir, trajar; gastar, desgastar

weather - tempo, clima, condições meteorológicas; mau tempo, intempérie

week - semana

weight - peso; carga; importância, influência (fig.) / pesar, determinar o peso de; sobrecarregar; ponderar

welcome - bem-vindo / boas vindas / dar as boas vindas, acolher, receber bem

well - bem, de modo satisfatório, corretamente, cuidadosamente; justificadamente; muito, consideravelmente; favoravelmente; bem, em boa condição / bom, satisfatório, apropriado

west - oeste; Ocidente / ocidental

wet - umidade / molhado, úmido / molhar, umedecer

what - que, qual, quais; o que, aquilo que

wheat - trigo

wheel - roda (de carro); volante, direção; roda de engrenagem

when - quando

where - onde, aonde

whether - se

which - que, qual, quais, o qual, os quais

while - tempo, espaço de tempo / enquanto, durante, ao mesmo tempo que; embora, ainda que

white - branco

who - quem, que, aquele que

whole - todo, totalidade / todo, inteiro, total

why - por que, por que motivo, por que razão

wide - amplo, largo, vasto, extenso, grande, aberto

wife - esposa

wild - região inculta, selvagem; selva, floresta; a natureza, a vida natural / selvagem; impetuoso, irrefreado, arrebatado; encolerizado, enfurecido

will - vontade, desejo; força de vontade; resolução, intenção; testamento / querer; tencionar, pretender / (é usado, antecedendo outros verbos, para formar o futuro; p. ex.: "he will do" = "ele fará")

win - ganhar, vencer, conquistar

wind - vento

window - janela

wine - vinho

wing - asa

winter - inverno

wire - fio, cabo; arame; aramado; fio elétrico; linha telefônica

wise - sábio, sensato, prudente

wish - desejo, vontade, anseio, aspiração / desejar, querer, almejar

with - com

withdraw - tirar, retirar, remover

without - sem

woman - mulher

wonder - maravilha, prodígio, milagre; admiração, espanto, assombro, pasmo / maravilhar-se; admirar-se; espantar-se; estranhar, supreender-se; perguntar-se, ter curiosidade sobre, pensar consigo mesmo, especular

wood - madeira; lenha; floresta, mata, bosque (também no plural)

wool - lã; fio de lã

word - palavra, vocábulo, termo; expressão; discurso; informação, comunicação; compromisso, garantia; ordem, comando

work - trabalho; labor; esforço; função; emprego; tarefa; obra (literária, artística etc.) / trabalhar, laborar; estar empregado, fazer serviço remunerado; atuar; estar em funcionamento, em operação; funcionar, funcionar bem; afetar, influenciar, produzir efeito sobre; conseguir com esforço; operar, manejar; realizar, efetuar, executar; manipular, persuadir; fazer se mover; fazer funcionar; acionar; administrar, gerir; agir, atuar, produzir efeito; provocar movimento ou transformação

world - mundo

worry - preocupação, inquietação / preocupar(-se), inquietar(-se), afligir(-se)

worse - pior

worth - valor [to be]

worth - valer

wound - ferida, ferimento

wreck - ruína, destruição; naufrágio / arruinar-se, destruir-se; naufragar

write - escrever; inscrever; redigir

wrong - errado, equivocado, incorreto; impróprio, inconveniente; injusto, moral ou eticamente errado

yard - jarda; pátio, quintal; jardim (EUA)

year - ano

yellow - amarelo

yes - sim

yesterday - ontem

yet - ainda, até agora; porém, contudo, entretanto

you - você, vocês, tu, vós; lhe, lhes, te, vos; ti (usado também em orações com sujeito indeterminado)

young - jovem, novo

your - seu(s), sua(s), teu(s), tua(s), vosso(s), vosso(s

yours - seu(s), sua(s), teu(s), tua(s), vosso(s), vosso(s)

- Algumas palavras em Globish modificam o sentido, pois passam de substantivo para verbo por meio de mudança de acentuação na sílaba tônica.

    Por exemplo: **ob**ject = coisa, objeto; mas ob**ject** = objetar, contestar.

Chapter 17

When Globish Arrives

Since 2004, when the first books about Globish were published, the talk about Globish has changed. In that year, in forums on the Internet, many English teachers looked at the idea – and then looked away, saying: "I cannot imagine anything important being said in Globish" and "They are going to destroy our beautiful English language" and "Why can't they just learn how to speak decent English?" These forums are still on the Internet. You can Google them.

But many more people were still traveling from their countries, and still joining global businesses. Many more in this period were leaving their countries on work-permits for the first time to take jobs in more prosperous countries. They could not wait, they had to speak and be heard. And because they were speaking English across the world, more people began to see what these people with just "enough" English could really do. They built roads and houses, but many also made scientific discoveries and many more made lots of money in new world-

Capítulo 17

Quando o Globish chegar

Desde 2004, quando os primeiros livros sobre Globish foram publicados, o que se diz sobre o Globish mudou. Naquele ano, em fóruns na Internet, muitos professores de inglês viram a ideia – e em seguida voltaram-se para o outro lado, dizendo: "Não consigo imaginar que nada importante seja dito em Globish", e "Eles irão destruir nosso lindo idioma inglês", e "Por que eles não podem simplesmente aprender a falar um inglês decente?". Esses fóruns ainda estão na Internet. Você pode procurá-los no Google.

Mas muito mais pessoas continuavam saindo de seus países e envolvendo-se em negócios globais. Muito mais pessoas, nesse período, saíam de seus países com vistos de trabalho pela primeira vez, para assumir empregos em países mais prósperos. Essas pessoas não podiam esperar, tinham de falar e ser ouvidas. E, como estavam falando inglês em todo o mundo, mais pessoas começaram a ver o que essas pessoas, com um inglês apenas "suficiente", eram capazes de fazer. Construíam estradas e casas, mas muitos também faziam descobertas científicas, e muitos outros ganhavam muito dinheiro com novos

wide businesses. All of this with just "enough" English.

Now, 5 years later, the tone toward Globish has changed. Most people now accept that native English speakers will not rule the world. Most people accept that there are important leaders who speak only "enough" English, but use it well to lead very well in the world.

So now there are very different questions, in the same forums. Some of the same people from 2004 are now asking:

"How many people now know enough English?"

"Should the native English-speaking teachers, who said 'you will never be good enough' now still be the guards over the language?" and

"Who will own the language?" And some few are beginning to ask: "How much En-glish is enough?"

We think Globish – as described in this book – carries many of the answers.

Globish developed from observations and recording of what seemed to be the usual limitations of the average non-native speakers of English. Per-

negócios em nível mundial. Tudo isto com um inglês apenas "suficiente".

Agora, 5 anos depois, o tom em que se fala do Globish mudou. A maior parte das pessoas hoje aceita que os falantes nativos do inglês não governarão o mundo. A maioria aceita que há líderes importantes que falam um inglês apenas "suficiente", mas que o usam bem para exercer muito bem sua liderança no mundo.

Assim, atualmente há perguntas muito diferentes naqueles mesmos fóruns. Algumas das mesmas pessoas do ano de 2004 agora indagam:

"Quantas pessoas hoje sabem inglês suficiente?"

"Os professores falantes nativos, que diziam 'você jamais será bom o suficiente', deveriam continuar sendo os guardiões do idioma?", e

"Quem será o dono do idioma?". E alguns estão começando a perguntar: "Qual a medida do inglês suficiente?".

Nós consideramos que o Globish – conforme descrito neste livro – traz muitas das respostas.

O Globish desenvolveu-se com base na observação e no registro daquelas que pareciam ser as limitações usuais do falante não-nativo mediano. Talvez apenas 10% deles tenham estudado inglês

haps only 10% of those have studied English more than a year, or lived for a year in an English-speaking country. But they may have enough, if they know what is enough.

Perhaps in the next 5 years, more people will run out of money for never-ending English classes. And more people will decide to follow careers and have families and ... live...instead of always trying – year after year – for that goal of perfect English.

Globish may have their answer. And it may also have the answer for global companies who need enough English – but perhaps not perfect English – in their home offices and sales branches. Globish might work for these companies if their native speakers will – at the same time – learn how much English is too much.

Globish is what Toronto University linguist Jack Chambers called in 2009 "a new thing and very interesting...if (they are) formally codifying it, then Globish will gain status."

This book has been written not only to describe and codify, but to demonstrate Globish as a linguagem natural, yet one that is in a closed system that is predictable and dependable, and is very close to being used across the globe now.

por mais de um ano ou tenham vivido durante um ano em um país de fala inglesa. Mas eles podem ter o suficiente, se souberem o que é suficiente.

Talvez, nos próximos 5 anos, mais pessoas fiquem sem dinheiro para pagar intermináveis aulas de inglês. E mais pessoas decidirão seguir carreiras e ter famílias e... viver... em lugar de manter-se sempre tentando – ano após ano – atingir a meta do inglês perfeito.

O Globish pode ter a resposta. E também pode ter a resposta para companhias internacionais que precisem de inglês suficiente – mas talvez não de um inglês perfeito – em seus *home offices* e em suas sucursais de vendas. O Globish pode funcionar para estas empresas se os seus falantes nativos compreenderem – ao mesmo tempo – em que medida o inglês pode ser excessivo.

O Globish é o que o linguista Jack Chambers, da Universidade de Toronto, chamou, em 2009, de "uma coisa nova e muito interessante... se [eles o estiverem] codificando formalmente, então o Globish ganhará prestígio".

Este livro foi escrito não apenas para descrever e codificar o Globish, mas para mostrar o Globish como uma linguagem natural, embora inserido em um sistema fechado que é previsível e confiável, e que está agora muito próximo de ser utilizado em todo o mundo.

Then with so many good reasons for Globish that so many people agree with, why hasn't it happened? Why hasn't it arrived?

There seem to be 3 main barriers to that arrival:

Physical: People think they do not have the time or the money or the nearness to En-glish Speaking to learn enough as a tool. With new media and Internet courses, this will make Globish all the easier to learn.

Language: Many English speakers truly feel that you cannot have just part of a language and you must always try for all of it. Quite a few language professors say that Globish is "not studied enough" or "not structured enough" – as always, without saying how much IS enough.

Political: The questions of who will make Globish happen, and who will require it, and who will finally "own" it seem central here. The remaining people who speak against Globish will discover that the citizens of the world will require it, make it happen, and own it – likely within the next 10 years. The very name *Globish* establishes this new point of view – that of the Global citizen who does not need the English past. This citizen needs

Então, com tantas boas razões a favor do Globish, com as quais tantas pessoas concordam, por que ele ainda não aconteceu? Por que não teve êxito?

Parece haver 3 barreiras principais para se chegar a esse êxito:

Física: As pessoas supõem que não têm tempo, dinheiro ou proximidade do inglês para aprendê-lo o suficiente para usar como ferramenta. Os cursos em novos suportes e na Internet tornarão o Globish muito mais fácil de aprender.

Idioma: Muitos falantes do inglês realmente sentem que não se pode ter apenas parte de um idioma, e que sempre se deve tentar conhecê-lo todo. Alguns professores de idiomas dizem que o Globish "não está suficientemente estudado" ou "não é suficientemente estruturado" – como sempre, sem dizer quanto É suficiente.

Política: As perguntas sobre quem fará com que o Globish aconteça, quem precisará dele e quem por fim será seu "dono" parecem centrais aqui. O resto das pessoas que falam contra o Globish descobrirão que os cidadãos do mundo precisarão dele, farão com que aconteça e serão seus donos – provavelmente dentro dos próximos 10 anos. O próprio nome *"Globish"* estabelece esse novo ponto de vista – o do cidadão global que não precisa do passado inglês. Este

only a dependable, usable language for the future.

Although it may not be historically exact, one has the image of the poor, beaten Englishmen who brought forth the *Magna Carta* in 1215. They were ruled by the foreign Normans, and the Normans wrote all the English laws in French, which the poor people in England could not understand. Along with others, these common people stood up before their Kings, at great risk to their families and themselves. And they said: "Enough!" They were frightened but still brave. Carrying only knives and clubs, they demanded that the laws by which they lived be more fair, and be given out in their own language – English.

Globish could be the interesting next step for the world…when people use English to be freed from the English. Globish will arrive when these common people from eve-ry country in the world, stand up and say "Enough." And Globish, as you see it here, will be there to give them…enough. When Globish arrives, you will talk to someone who just a few years ago could not understand you…and turned away. And you will write in Globish to someone who understands and answers – perhaps even with a job or a good school pos-

cidadão precisa apenas de uma língua confiável e utilizável para o futuro.

Embora isto possa não ser historicamente exato, tem-se a imagem dos pobres e derrotados ingleses que concederam a *Carta Magna* em 1215. Eles eram governados pelos estrangeiros normandos, que escreveram todas as leis inglesas em francês, que as pessoas pobres na Inglaterra não conseguiam entender. Juntamente com outros, essas pessoas comuns enfrentaram seus reis, com grande risco para suas famílias e para si mesmas. E disseram: "Basta!". Estavam com medo, mas foram corajosas. Trazendo consigo apenas facas e bastões, exigiram que as leis segundo as quais viviam fossem mais justas e divulgadas em seu próprio idioma – o inglês.

O Globish pode ser um próximo passo interessante para o mundo… quando as pessoas utilizarem o inglês para libertar-se do inglês. O Globish triunfará quando essas pessoas comuns de todos os países do mundo se levantarem e disserem: "Basta". E o Globish, como você o vê aqui, estará ali para lhes fornecer… o quanto basta. Quando o Globish chegar, você poderá falar com alguém que, apenas alguns anos antes, não conseguia entendê-lo… e ia embora. E escreverá em Globish a alguém que entende e responde – talvez até com a possibilidade de um emprego ou de uma boa escola…

sibility...Then you will look at these few words of Globish and say...

"How rich I am.... Look at all of these words I have...So many words for so many opportunities and so many new friends...Look at all that I can do with them.... What valuable words they are...And I know them all!"

Então você olhará para estas poucas palavras de Globish e dirá:

"Como tenho sorte... Veja todas estas palavras que tenho... Tantas palavras para tantas oportunidades e tantos novos amigos... Veja tudo o que posso fazer com elas... Como são valiosas estas palavras... E eu as conheço todas!"

Appendix

Synopsis 151

Partial Resources 157

Meet the Writers and
the Translator 159

Apêndice

Sinopse 151

Recursos parciais 157

Conheça os escritores e
o tradutor 159

Synopsis

It would make very little sense to describe the details of Globish *either* to the person who has studied English – or to the person who has not.

For that reason, we are giving only a synopsis of these chapters (Chapter 17-22) from the original book. The students who are studying English may, as their use of English – or Globish – improves, wish to try to read the original book. Their linguistic skills may then be ready for them to process that more specific information.

(In addition, this translated version will – for obvious reasons – leave out the adaptation from English to Globish of President Barack Obama's Inauguration Address of January 20, 2009.)

Chapter 17 (in the original book) – 1500 Basic Globish Words Father 5000

This chapter deals with how Globish – and English – is capable of making new words from basic words. There are basically 4 methods of making words from the basic 1500 words:

1. Putting two words together, as in: **class + room = classroom**.

Sinopse

Faria pouco sentido descrever os detalhes do Globish *tanto* à pessoa que estudou inglês como à pessoa que não estudou.

Por esta razão, apresentamos apenas uma sinopse desses capítulos (capítulos 17 a 22) do livro original. Os estudantes que estejam estudando o inglês podem, à medida que seu uso do inglês – ou do Globish – progrida, querer tentar ler o livro original. Suas habilidades linguísticas poderão então estar prontas para processar essas informações mais específicas.

(Além disso, esta versão traduzida excluirá – por razões óbvias – a adaptação do inglês para o Globish do discurso inaugural do Presidente Barack Obama, de 20 de janeiro de 2009).

Capítulo 17 (no livro original) – as 1.500 palavras básicas Globish engendram 5.000 palavras

Este capítulo trata de como o Globish – e o inglês – é capaz de gerar novas palavras com base em palavras básicas. Há, fundamentalmente, 4 métodos para gerar palavras a partir das 1.500 palavras básicas:

1. Colocar duas palavras juntas, por exemplo: **class + room = classroom**.

2. Adding letters to the front or the back of a word as in: **im + possible = impossible** (not possible) or **care + less = careless**. Many times it changes the part of speech, as when **care+less (careless)** becomes an adjective.

3. **Many** times the **same word** is used as a noun, a verb, and an adjective: **We drive a** *truck*. **With it, we** *truck* **vegetables to market. We may stop for lunch at a** *truck* **stop**.

4. Phrasal Verbs combine with prepositions to make different verbs, like: get up (in the morning), take off (from the airport runway), or put up (weekend visitors in your extra room).

Chapter 18 (in the original book) – Cooking With Words

In addition to giving you enough words and ways to make more words easily, Globish uses **simple English grammar**, and avoids long and difficult sentences.

It stresses **Active Voice** sentences, but allows occasional **Passive Voice**. It uses the **Imperative** and the **Conditional** when necessary.

Globish uses **6 basic verb tenses** all the time – the **Simple** and the **Con-**

2. Acrescentar letras na frente ou atrás de uma palavra, por exemplo: **im + possible = impossible** (não possível) ou **care + less = careless**. Muitas vezes, isso modifica a parte do discurso, ou classe gramatical, como quando **care + less (careless)** torna-se um adjetivo.

3. **Muitas vezes a mesma palavra** é usada como **sustantivo**, **verbo** e **adjetivo**: "We drive a **truck**." (substantivo). "With it, we **truck** vegetables to market." (verbo). "We may stop for lunch at a **truck** stop." (adjetivo).

4. Os verbos preposicionais (*Phrasal Verbs*) combinam-se com preposições para gerar verbos diferentes, por exemplo: "**get up** (in the morning)" (levantar da cama de manhã), "**take off** (from the airport runway)" (decolar) ou "**put up** (weekend visitors in your extra room)" (acomodar visitantes de fim de semana em seu quarto de visitas).

Capítulo 18 (no livro original) – Harmonizando palavras

Além de lhe oferecer palavras suficientes e maneiras fáceis de gerar mais palavras, o Globish usa uma **gramática inglesa simples** e evita as frases longas e difíceis.

O Globish enfatiza as frases em **voz ativa**, mas permite ocasionalmente a **voz passiva**. Usa o **imperativo** e o **condicional** quando necessário.

O Globish utiliza sempre **6 tempos verbais básicos** – **simples** e **contínuo** do

tinuous for the **Present**, **Past**, and **Future** and four other verb tenses occasionally. **Different sentence forms** are used for **negatives**, and for various kinds of **questions**.

LEARNING TOOLS – *Globish IN Globish* is an interactive set of Lessons in Globish at www.globish.com and many others will follow there.

Chapter 19 (in the original book) – Say "No" To Most Figurative Language

Idioms and Humor are the most difficult parts of a new language. Globish solves that problem by asking people to use very little of either. Idioms take hours – sometimes – to explain. Humor has not only language differences, but differences in culture and – within culture – ages and other backgrounds.

Chapter 20 (in the original book) – Globish "Best Practices"

Most of these are about people who know too much English for the needs and abilities of the largest group of people...those speaking Globish. So this chapter is about how a speaker must **take responsibility for the communication**, and **do whatever is nec-**

presente, passado e **futuro** – e, ocasionalmente, outros quatro tempos verbais. São usadas **diferentes formas de frases** para as frases **negativas** e para os diversos tipos de **perguntas.**

FERRAMENTAS DE APRENDIZADO – *O Globish EM Globish* é um conjunto de lições interativas em Globish, que podem ser encontradas no endereço www.globish.com, onde haverá também muitas outras coisas.

Capítulo 19 (no livro original) – Diga "não" à maior parte da linguagem figurada

As expressões idiomáticas e o humor são as partes mais difíceis de um idioma novo. O Globish soluciona este problema pedindo às pessoas que usem muito pouco de ambos. As expressões idiomáticas precisam de horas – às vezes – para ser explicadas. O humor não envolve apenas diferenças de idioma, mas também diferenças culturais e – no interior da cultura – diferenças concernentes à idade e ao contexto individual.

Capítulo 20 (no livro original) – As "boas práticas" no Globish

A maior parte das boas práticas refere-se às pessoas que sabem muito inglês para as necessidades e habilidades do maior grupo de pessoas... aquelas que falam Globish. Assim, este capítulo trata de como um falante deve **assumir responsabilidade pela comunicação** e **fazer**

essary to communicate the message. This may mean: speaking or writing **in short sentences, listening for feedback** to make sure of understanding, and **using pictures or physical motions** to help the users understanding of words.

Chapter 21 (in the original book) – Critical Sounds for Global Understanding

This chapter is about pronunciation and the sounds various learners have trouble with. The aim is not to please the English speaker, but to make sounds that everyone can understand. This means concentrating on the most difficult ones, and making them acceptable. There are several other findings in this study, one being that learners do not have to have perfect sounds to be understood in Globish, but they do have to have the right stresses on parts of words, and they do need to know when to substitute with the "schwa" sound.

Chapter 22 (in the original book) – Globish in Texting

The Internet provides an environment that is excellent for Globish. Its messages are cut down to basics of English words because the messages are often charged by each little char-

tudo o que for necessário para comunicar a mensagem. Isto pode significar: falar e escrever **em frases curtas, ouvir para ter "feedback"** e assegurar-se de ter sido compreendido, e **utilizar imagens ou movimentos corporais** para ajudar os usuários a entender as palavras.

Capítulo 21 (no livro original) – Sons cruciais para a compreensão global

Este capítulo é sobre a pronúncia e os sons com os quais muitos alunos têm problemas. O objetivo não é agradar o falante do inglês, mas emitir sons que todos possam entender. Isto significa concentrar-se nos mais difíceis e torná-los aceitáveis. Há várias outras descobertas nesse estudo, sendo uma delas o fato de que os estudantes não têm de produzir sons perfeitos para serem entendidos em Globish, mas têm de ter a acentuação correta nas partes das palavras, e precisam saber quando substituí-las pelo som "schwa".

Capítulo 22 (no livro original) – O Globish nas mensagens de texto

A Internet oferece um ambiente excelente para o Globish. As mensagens são reduzidas às palavras inglesas básicas, porque as mensagens muitas vezes têm custo por cada pequena letra ou sinal que

acter over 160. *So if love can become luv, u might save enough of ur money to visit the one u luv, just by shortening most words.*

Texting is used in e-mails, chat sessions, instant messaging, and of course on mobile phones. Globish seems to have the perfect structures and numbers of words to be the text basis for people using the Internet.

ultrapasse o número de 160. *Desse modo, se "love" pode ser transformado em "luv", "u might save enough of ur money to visit the one u luv" ("você poderá economizar dinheiro suficiente para visitar a pessoa que ama") apenas por encurtar a maioria das palavras.*

As mensagens de texto são usadas em e-mails, sessões de bate-papo, mensagens instantâneas e, é claro, em telefones celulares. O Globish parece ter as estruturas perfeitas e número de palavras perfeito para ser a base dos textos para as pessoas que usam a Internet.

Partial Resources

Council of Europe (2008). *Common European Framework of Reference for Languages: Learning, teaching, assessment.* Retrieved, http://www.coe.int/T/DG4 Portfolio/?L=E&M=/main_pages/levels.html, March, 17, 2009

Dlugosz, K. (2009) *English Sounds Critical to Global Understanding.* Pécs (Hungary): University of Pécs.

Graddol, D. (2006). *English Next.* London: British Council.

Nerrière, J. P. (2004). *Don't speak English. Parlez globish!* Paris: Eyrolles.

Nerrière, J. P., Bourgon, J., Dufresne, Ph. (2005) *Découvrez le Globish.* Paris: Eyrolles.

Other Sources

Jack Chambers, Toronto University linguist, as quoted in "Parlez vous Globish? Probably, even if you don't know it," Lynda Hurst, Toronto Star, March 7, 2009

Notes of appreciation

Dr. Liddy Nevile, of La Trobe University in Melbourne, and our friend in

Recursos parciais

Conselho da Europa (2008). *Common European Framework of Reference for Languages: Learning, teaching, assessment.* http://www.coe.int/T/DG4/Portfolio/?L=E&M=/main_pages/levels.html, (17 de março de 2009)

Dlugosz, K. (2009). *English Sounds Critical to Global Understanding.* Pécs (Hungria): University of Pécs.

Graddol, D. (2006). *English Next.* Londres: British Council.

Nerrière, J. P. (2004). *Don't speak English. Parlez globish!* Paris: Eyrolles.

Nerrière, J. P., Bourgon, J., Dufresne, Ph. (2005) *Découvrez le Globish.* Paris: Eyrolles.

Outras fontes

Jack Chambers, linguista da Universidade de Toronto, citado em "Parlez vous Globish? Probably, even if you don't know it", Lynda Hurst, Toronto Star, 7 de março de 2009

Agradecimentos

O Dr. Liddy Nevile, da Universidade La Trobe, em Melbourne, e nosso amigo em

One Laptop Per Child, contributed moral support – plus extensive editing which made this book a lot better.

Web Sites with Globish Information

www.jpn-globish.com – Original Globish site (much of it in French)

www.globish.com – New Globish portal site

www.bizeng.net (2008 series of business articles written in Globish by David Hon.)

One Laptop Per Child, contribuiu com seu apoio moral – além de um extenso trabalho de edição, que tornou este livro muito melhor.

Sites com informações sobre o Globish na Internet

www.jpn-globish.com – site original Globish (grande parte dele em francês)

www.globish.com – novo portal do Globish

www.bizeng.net (série de artigos sobre negócios escritos em Globish por David Hon em 2008)

Meet the Writers and the Translator

Jean-Paul Nerrière

As a vice-president of IBM Europe, Middle East & Africa, Jean-Paul Nerrière was noted worldwide for his foresight in urging IBM to sell services instead of "selling iron". With IBM USA as a Vice President in charge of International Marketing, he was also using and observing English – daily – in its many variations. Nerrière's pessoal experience the world over enlightened him to a not-so-obvious solution to the global communication problem – *Globish*. Recently this has resulted in his best-selling books on Globish in French, Korean, Spanish and Italian, and the word Globish being known everywhere.

Nerrière has also been knighted with the *Légion d'honneur*, the highest award France can give.

David Hon

As a young man, David Hon jumped off helicopters in Vietnam and taught

Conheça os autores e o tradutor

Jean-Paul Nerrière

Como vice-presidente da IBM para a Europa, o Oriente Médio e a África, Jean-Paul Nerrière tornou-se conhecido mundialmente por sua antevisão ao instar para que a IBM vendesse serviços em lugar de "vender ferro". Como vice-presidente encarregado do marketing internacional da IBM USA, ele também estava utilizando e observando o inglês – diariamente – em suas muitas variações. A experiência pessoal de Nerrière em todo o mundo o iluminou quanto a uma solução não tão óbvia para o problema da comunicação global – o *Globish*. Recentemente, isto resultou em seus muito vendidos livros sobre o Globish em francês, coreano, espanhol e italiano, e a palavra "Globish" sendo conhecida em todos os lugares.

Nerrière também foi consagrado cavaleiro da *Légion d'honneur*, a mais elevada condecoração concedida pela França.

David Hon

Em sua juventude, David Hon saltou de helicópteros no Vietnã e ensinou inglês

English in South America. He had an MA in English and thought that someday he would write about English as an international communication tool. However, a different direction, into the computer age, led Hon to develop the world's first realistic medical simulators. He won international awards and created a successful company, Ixion, to produce those computerized simulators.

A short time back, he came upon Nerrière's Globish ideas, and Hon knew that this book *in Globish* was the one he had intended to write long ago. *Voilá…*

na América do Sul. Tinha um mestrado em inglês e pensava que, algum dia, escreveria sobre o inglês como ferramenta para a comunicação internacional. Entretanto, uma direção diferente, na era da computação, levou-o a desenvolver os primeiros simuladores médicos realistas do mundo. Hon conquistou prêmios internacionais e criou uma bem-sucedida empresa, a Ixion, para produzir esses simuladores computarizados.

Há pouco tempo, deparou-se com as ideias de Nerrière referentes ao Globish, e Hon soube que este livro *em Globish* era aquele que intencionara escrever há muito tempo atrás. *Voilá...*